新时代高质量发展丛书

柴达木地区
能源与生态
协调发展

郑永琴◎著

THE HARMONIOUS DEVELOPMENT OF
ENERGY AND ECOLOGY IN QAIDAM REGION

经济管理出版社
ECONOMY & MANAGEMENT PUBLISHING HOUSE

图书在版编目（CIP）数据

柴达木地区能源与生态协调发展／郑永琴著. —北京：经济管理出版社，2022. 10
ISBN 978-7-5096-8764-2

Ⅰ. ①柴…　Ⅱ. ①郑…　Ⅲ. ①柴达木盆地—能源发展—研究②柴达木盆地—区域
经济—关系—生态环境—协调发展—研究　Ⅳ. ①F426. 2②F127. 44③X321. 44

中国版本图书馆 CIP 数据核字（2022）第 195438 号

组稿编辑：王光艳
责任编辑：王光艳
责任印制：黄章平
责任校对：王淑卿

出版发行：经济管理出版社
　　　　　（北京市海淀区北蜂窝 8 号中雅大厦 A 座 11 层　100038）
网　　址：www. E-mp. com. cn
电　　话：（010）51915602
印　　刷：北京市海淀区唐家岭福利印刷厂
经　　销：新华书店
开　　本：710mm×1000mm /16
印　　张：13
字　　数：206 千字
版　　次：2023 年 3 月第 1 版　　2023 年 3 月第 1 次印刷
书　　号：ISBN 978-7-5096-8764-2
定　　价：78. 00 元

前　言

　　能源是一个国家或地区社会经济发展的重要命脉。自20世纪80年代美国爆发石油危机以来，世界各国政界与理论学界开始深刻意识到能源安全对社会经济发展的重要影响。为此，理论界关于能源的研究也逐渐成为热点。能源的开发与利用，直接影响着人类文明和社会经济的发展。人类的能源利用经历了从薪柴时代到煤炭时代，再到油气时代的演变。在能源利用总量不断增长的同时，能源结构也在不断发生变化，每一次能源时代的变迁，都伴随着生产力的巨大飞跃，都极大地推动了人类经济社会的发展。同时，随着人类使用能源特别是化石能源的数量越来越多，能源对人类经济社会发展的制约和对生态环境的影响越来越明显，人口、资源、环境问题日益突出，生态安全问题也逐渐凸显。世界"八大公害"（现为"十大公害"事件）事件的产生，生物多样性的锐减，酸雨、飓风、海啸事件的频频发生，全球升温及厄尔尼诺现象的出现等，说明人类对大自然的索取已经超出了大自然的承受能力，大自然已经开始"疯狂"地报复人类。正如恩格斯所说："我们不要过分陶醉于我们人类对自然界的胜利。对于每一次这样的胜利，自然界都对我们进行报复。"因此，人类开始对自身行为进行反思，意识到人类对大自然的索取应建立在遵循大自然生态规律的基础之上，只有这样才能保证人类自身生存与发展的客观需要，实现人类自身的可持续发展。为此，本书基于能源与生态这两大议题进行分析，并结合柴达木生态特区能源与生态问题进行探讨，提出在生态文明建设的过程中，柴达木生态特区能源与生态发展的思路与保障措施，以促进柴达木生态特区能源、生态与经济的和谐发展。

首先，本书对柴达木生态特区能源的开发利用进行了分析。本书通过对能源生产结构和消费结构进行分析，发现柴达木生态特区能源消费结构具有一定的不合理性，化石性能源消费居主导地位，导致柴达木生态特区人均碳排放量呈逐年上升趋势，这对柴达木生态特区生态环境造成了一定程度的污染与破坏。

其次，本书对柴达木生态特区生态安全状况进行了分析。本书通过对柴达木生态特区各种生产性用地的生态足迹、生态承载力、生态平衡及生态压力进行分析，发现柴达木生态特区化石性燃料用地生态足迹在不断上升，建设用地、耕地、林地生态足迹也在上升，导致柴达木生态特区生态安全状态由稍不安全转变为较不安全，生态平衡处于失衡状态。

最后，为进一步促进柴达木生态特区能源、生态与经济的和谐发展，本书通过分析柴达木生态特区建设过程中面临的机遇与挑战，并结合国内外发达国家和地区生态文明建设的经验，提出了柴达木生态特区生态文明建设的模式选择和保障措施。在模式选择上，柴达木生态特区在生态文明建设的过程中应采取以下几种模式：采取政府引导，政府、市场、民众合作参与的模式；走资源—技术—生态良性循环发展的道路；采取纵向闭合、横向耦合和区域耦合相结合的模式。在保障措施上，柴达木生态特区应积极采取多种措施：第一，明确政府在生态文明建设中的地位与作用；第二，统筹兼顾，合理制定生态经济规划；第三，建立健全市场机制，完善各项法规制度体系；第四，大力引进高层次人才，实施专业人才培养，努力推进科技创新；第五，提高民众生态环保意识，提倡绿色消费，通过构建民间保护组织，提高监管、监督和调节能力；第六，积极开拓融资渠道，实现融资渠道多元化发展。

郑永琴

2022 年 10 月

目 录

第一章
导　论

一、研究的背景

(一) 国际背景

随着人类社会工业文明的发展，人类对自然生态环境资源的开发利用日趋呈现出深层化、规模化和多元化的发展趋势，这导致自然生态环境资源的有限性与人类社会文明发展对自然生态环境资源需求的无限性之间产生矛盾并日趋加剧。两河流域文明的消失，世界"八大公害"（现为"十大公害"）事件的产生，生物多样性的锐减，全球升温，酸雨等自然灾害的出现，以及飓风、海啸等事件的频频发生，说明人类在向大自然过度索取的过程中，已经对我们的生态环境造成了一定程度的污染与破坏。这些问题也严重地阻碍了人类自身的生存与发展。自然资源是有限的、稀缺的，而人类的需求是无限的，面对自然资源的有限性和稀缺性，人类毫无节制、疯狂地开采开发利用资源，对大自然的索取已经超出了其所能承受的极限，环境污染与生态破坏日益严重，这对人类社会经济的可持续发展造成了严重的影响。马克思和恩格斯在对人口、资源与环境问题进行分析时，曾指出："人在肉体上只有靠这些自然产品才能生活，不管这些产品是以食物、燃料、衣着的形式还是以住房等的形式表现出来。在实践上，人的普遍性正是表现为这样的普遍性，它把整个自然界——首先作为人的直接的生活资料，其次作为人的生命活动的对象（材料）和工具变成人的无机的身体。""大工业把巨大的自然力和自然科学并入生产过程，必然大大提高劳动生产率。""我们不要过分陶醉于我们人类对自然界的胜利。对于每一次

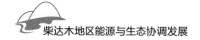
这样的胜利,自然界都对我们进行报复。"马克思和恩格斯认为,人类在开发利用环境资源时,应遵循大自然内在的生态规律,运用科学技术提高生产效率的同时,大力发展资源循环利用,在环境承载力和容纳量的承载范围内对自然生态环境进行适时的开发利用,以实现人与自然生态的和谐发展,促进人类社会经济的平稳发展。学者们早在 20 世纪 60 年代就对人类生产活动与生态环境之间的矛盾问题进行过探讨,其中比较经典的著作有梅多斯等合著的《增长的极限》、鲍尔丁的《即将到来的宇宙飞船世界的经济学》、卡逊的《寂静的春天》等,这些著作均从不同角度指出,人类应合理开发利用资源,并减少和降低对生态环境的破坏与污染,以满足人类自身生存与发展的需要,罗马俱乐部也由此应运而生。为促进人与自然的和谐发展,20 世纪 70 年代联合国在斯德哥尔摩召开了有史以来第一次"人类与环境会议",此次会议讨论并通过了《联合国人类环境宣言》,从而拉开了全人类共同保护环境的序幕。1987 年,联合国世界环境与发展委员会在《我们共同的未来》报告中首次提出可持续发展理念。1992 年,联合国召开环境与发展大会,通过了《21 世纪议程》,并将可持续发展作为世界各国未来经济发展的共同目标确定下来。1992 年 6 月 4 日,在巴西里约热内卢举行的联合国环境发展大会上,一百多个国家共同制定了《联合国气候变化框架公约》,它是世界上第一个为全面控制二氧化碳等温室气体排放,以应对全球气候变暖给人类经济和社会发展带来不利影响的国际公约①。此后,1997 年 12 月,在日本京都由联合国气候变化框架公约参加国三次会议制定的《京都议定书》(Kyoto Protocol),提出"将大气中的温室气体含量稳定在一个适当的水平,进而防止剧烈的气候改变对人类造成伤害"作为目标确定下来。2005 年 2 月 16 日,《京都议定书》正式生效,这是人类历史上首次以法规的形式限制温室气体排放②。2015 年 12 月 14 日,各国在联合国气候变化大会上达成了《巴黎协定》,这标志着全球应对气候变化迈出了历史性的重要一步,也是继《京都议定书》之后在《联合国气候变化框架公约》(UNFCCC) 下达成的第二份关于全球减排的协定。它是在吸取了哥本

① 陈宗伟. 从比较法视角论国外低碳立法对我国的启示及建议 [J]. 河北法学,2016,34 (10):137-145.

② 王建宝. 从精神人文主义看儒家生态伦理 [J]. 船山学刊,2017 (3):104-112.

哈根大会无疾而终的经验教训后，采取自下而上的"国家自主贡献"（INDC）的方式参与全球应对气候变化的行动，为促进全球绿色低碳发展和可持续发展奠定了理论基础。

（二）国内背景

随着中国社会经济及工业文明的发展，生态环境也遭到了不同程度的破坏，导致中国生物多样性锐减，水土流失、土地盐碱化、沙漠化现象严重，酸雨、雾霾、沙尘暴等自然灾害现象频频发生，对中国社会经济的可持续发展造成了一定的瓶颈与障碍。然而，对于人与自然和谐发展的理念，中国早在春秋战国时期就有"天人合一""阴阳五行"之说。但对自然生态系统进行较为系统、规范的研究是在 20 世纪 70 年代才开始的。1973 年 8 月，国务院委托国家计划委员会（现国家发展和改革委员会）在北京召开了第一届全国环境保护会议，会议审议并通过了"全面规划、合理布局、综合利用、化害为利、依靠群众、大家动手、保护环境、造福人民"的 32 字环境保护工作方针，并制定了《关于保护和改善环境的若干规定（试行草案）》的政策措施。此次会议不仅有力地推动了中国当时环境保护事业的发展，而且对以后的环保事业也具有重要的指导意义和作用。1974 年 10 月，国务院环境保护领导小组正式成立，从此中国当代环保事业有了第一个环保机构。1978 年 3 月，环境保护首次被纳入《中华人民共和国宪法》，其规定："国家保护环境和自然资源，防治污染和其他公害。"这是中国历史上第一次对环境保护作出的明确规定，为生态文明建设奠定了法治基础。1983 年 12 月，国务院召开了第二次全国环境保护会议，宣布环境保护是中国现代化建设中的一项战略任务，成为一项基本国策[①]。1994 年，中国根据《21 世纪议程》制定了中国未来经济发展的蓝图，将可持续发展作为中国经济发展的目标确定下来，并在党的十五大报告中明确提出中国将实施可持续发展战略。党的十六大把改善生态环境、提高资源利用效率确定为全面建设小康社会的目标。党的十七大报告将生态文明建设作为中国实现全面建设小康社会的新要求确定下来。党的十八大提出了"大力推进生态文明

---

① 王立. 中国当代环境法制思想新解 [J]. 环境资源法论丛，2004（3）：88-124.

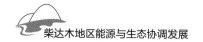

建设"的战略决策，从 10 个方面擘画了生态文明建设的宏伟蓝图。2015 年 5 月，国务院发布了《中共中央　国务院关于加快推进生态文明建设的意见》，同年 10 月召开的党的十八届五中全会首次将"生态文明建设"写入国家五年规划，这为中国大力推进生态文明建设提供了重要保证。在党的十九大会议上，中国又提出大力推进绿色发展，着力解决突出环境问题，加大生态环境保护力度，改革生态环境监管体制，以构建人与自然和谐发展的现代文明发展方式。由此可见，低碳绿色发展已成为中国生态文明建设的重要内容。

柴达木生态特区位于中国青藏高原东北部，青海省西北部，是中国"三江源"的守护神，亦是保护中国青藏高原生态环境的重要屏障。为促进中国社会经济的可持续发展，实现社会经济与资源环境的协调发展，1986 年，中国开始开展"社会发展综合实验区"的试点工作。1992 年，中国发布了《关于建立社会发展综合实验区的若干意见》，并成立了社会发展综合实验区管理办公室。1994 年，中国政府发布了《中国 21 世纪议程——中国 21 世纪人口、环境与发展白皮书》，作为指导中国国民经济和社会中长期发展的纲领性文件，这也是世界上第一部国家级 21 世纪议程。1997 年 12 月，"社会发展综合实验区"更名为"国家可持续发展实验区"。2003 年，中国发布了《中国 21 世纪初可持续发展行动纲要》，提出新时期中国可持续发展的目标和重点领域，以促进中国可持续发展战略的实施。2005 年，中国提出建立循环经济试验区，柴达木生态特区作为中国首批 13 个循环经济产业试点园区之一，也是西部青藏高原唯一一个生态特区被确定下来。在《全国生态保护与建设规划（2013—2020 年）》中，柴达木生态特区也成为构建中国国家层面生态安全保障和国家生态安全的重要组成部分。因此，如何促进柴达木生态特区循环经济的发展，推进柴达木生态特区生态文明建设，成为柴达木生态特区当前社会经济发展面临的一个重要议题。本书通过对柴达木生态特区能源、生态环境与经济发展现状进行评述，分析了柴达木生态特区能源开发利用对生态环境的影响，以及柴达木生态特区经济社会发展与生态环境之间的耦合协调度，揭示了柴达木生态特区能源、生态与经济发展之间的关系，提出柴达木生态特区在生态文明建设的道路上，应充分发挥地区资源优势，在充分考虑地区生态环境承载力的基础上，将资源优势转化为经济优势，实现生态、经济、资源的共赢，为柴达木生态特区生态文明建设提供可资借鉴的意见。

二、研究目的及意义

（一）研究目的

能源作为战略性资源，是一个国家或地区国民经济发展的重要物质资源。从中国的能源消费结构看，一次性能源消费居主导地位，且一次性能源绝大部分属于不可再生资源，其存量会随着人类的开采、开发利用规模的不断扩大而逐渐减少，进而影响到当前社会经济发展对能源资源的客观需求。同时，一次性能源资源大部分属于化石性能源资源，在燃烧的过程中会产生大量的废气和粉尘颗粒物，从而造成对生态环境的污染。因此，柴达木生态特区在生态文明建设的道路上，如何依托资源优势，合理开发利用能源资源，在保证地区国民经济稳定建设的同时，解决生态环境污染问题，使能源资源在开发利用的过程中对生态环境造成的负面影响最小化，成为本书研究的重点之一。柴达木生态特区作为中国"三江源"的生态守护神及青藏高原生态安全的保护屏障，其在生态文明建设过程中，既要注重生态环境的保护，也要追求地区经济产出效益的最大化。因此，如何将经济效益和生态效益相结合，满足柴达木生态特区建设的需要，即以最小的环境付出获取最大的经济效益，成为本书研究的重点之二。柴达木生态特区在生态文明建设过程中既有经验也有教训，如何更好地促进柴达木生态特区的建设，成为中国生态文明建设的典范，此为本书研究的重点之三。因此，本书首先在分析柴达木生态特区能源开发利用对生态环境及经济的影响的基础上，揭示出柴达木生态特区能源开发利用存在的问题，并提出柴达木生态特区能源实现可持续发展的思路与对策；其次通过分析柴达木生态特区经济发展与生态环境之间的耦合关系，揭示出柴达木生态特区在建设过程中存在的主要问题，并提出柴达木生态特区建设的思路与对策；最后通过对柴达木生态特区能源开发利用与生态特区建设进行分析总结，提出柴达木生态特区建设的思路与保障措施。

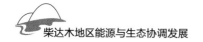

（二）研究的意义

柴达木生态特区位于中国西部青藏高原之巅，素有"聚宝盆"之美誉。其不仅肩负着中国西部资源储备基地建设的重任，而且肩负着西部青藏高原生态环境保护的重任。本书通过研究揭示出柴达木生态特区在生态特区建设过程中面临的瓶颈与障碍，提出柴达木生态特区实现能源、经济、生态和谐发展的思路与保障措施，具有重要的理论意义：①为柴达木生态特区实现能源、生态与经济发展的共赢提供理论支持；②为中国生态环境脆弱地区实现"五位一体"的发展格局奠定理论基础；③为丰富中国生态特区理论、推动中国生态文明建设提供可资借鉴的意见。

三、国内外相关研究理论简述

（一）国外相关研究简述

生态文明建设的相关理论最早起源于西方发达国家。20 世纪 60 年代，随着现代工业文明的发展，能源的大量消耗，先后引发了震惊世界的"八大公害"事件，为此人们付出了较为惨重的代价。1962 年，卡逊出版了《寂静的春天》一书，概括描述了农药对生态环境的污染及影响，以唤醒人们对生态环境的保护意识。1972 年，罗马俱乐部《增长的极限》报告的出现，激发了人们对人与自然关系的认知需求。同年，联合国人类环境会议在瑞典斯德哥尔摩召开，标志着人类生态文明建设的开始。此后，国外理论学者从不同层面和角度，运用不同的方法对生态文明建设进行了阐述与分析。约翰·贝拉米·福斯特（John Bellamy Foster）认为，在资本主义制度下，存在生态危机的双重性，而要解决这一问题必须要进行资本主义制度创新。本·阿格尔（Ben Agger）认为，生态系统有限性与资本主义需求无限性的矛盾，使资本主义经济危机转化为生态危机。詹姆斯·奥康纳（James O'Conner）在《自然的理由——生态学马克思主义研究》一书中认为，资本主义社会不仅存在生产资料私人占有与社会化生产之间的矛盾，更存在资源有限性与需求无限性的生态危机，而后者比前者更加致命、隐蔽。戴维·佩珀（David Pepper）认为，发达国家将生态环境污染产业转移到不发达国家，这是有违环境伦理道德的，也不利于解决环境问题，他指出，生态环境影响具有全球扩张性，因此应通过国家间彼此合作来解决环境问题，而合作的关键在于社会制度变革。也有学者强调，生态文明建设应从粮食生产等方面为人们的生存安全提供保障。

（二）国内相关研究简述

国内对资源环境问题的研究起步相对较晚，于 20 世纪 70 年代开始进行专项研究。研究较早且具有代表性的著作是 1999 年刘湘溶教授的《生态文明论》。此后，国内学者从生态文明的理论和实践角度阐述和分析了中国生态文明建设的相关问题。2009 年，国家环保部部长周生贤认为：生态文明是人类在利用自然的同时，主动保护自然而取得的物质成果、精神成果和制度成果。2011 年，廖曰文、章燕妮发表的《生态文明的内涵及其现实意义》一文，从生态文明的广义和狭义角度阐述了中国生态文明建设的内涵和意义。2013 年，高红贵在《关于生态文明建设的几点思考》一文中提出，生态文明建设应采取以人为本和以生态为本同时并举的方针，加快生态文明法律和制度体系建设。2014 年，夏光在《建立系统完整的生态文明制度体系——关于中国共产党十八届三中全会加强生态文明建设的思考》一文中指出，建立系统的、完整的生态文明制度体系，是中国全面深化改革的重要内容，也是生态文明建设的核心任务。2015 年，杨红娟、夏莹、官波发表的《少数民族地区生态文明建设评价指标体系构建——以云南省为例》一文，采用因子分析法对云南生态文明建设进行了分析。2016 年，梅凤乔在《论生态文明政府及其建设》一文中提出，政府在生态文明建设中具有双重角色，即推动者和示范者的角色，明确了政府在生态文明建设中的地位与作用。国内还有很多学者运用不同的方法，从不同的层面和角度对中国生态文明建设进行了分析。本书对柴达木生态特区能源开发利用及生态特区建设面临的问题进行了阐述，提出柴达木生态特区在生态文明建设的过程中应采取以下几种模式：第一，采取政府引导，政府、市场、民众合作参与的模式；第二，构建资源—技术—生态良性循环发展的模式；第三，采取纵向闭合、横向耦合、区域耦合相结合的模式。

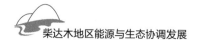

四、本研究的主要内容与方法

(一) 本研究的主要内容

能源与生态问题已成为当代社会发展探讨的主要议题之一。柴达木生态特区属于中国第一批循环经济试验区，其能源与生态文明建设的成功实践对于推动青藏高原地区生态文明建设具有一定的借鉴意义。为此，本书对柴达木生态特区能源与生态问题进行探讨，并对柴达木生态特区能源与生态特区的建设提出发展思路、模式选择及保障措施。本书的研究内容主要分为七章：

第一章：首先，从国外、国内两个角度分析了本书研究的背景、目的及意义；其次，对国内外相关研究理论进行了简述；最后，介绍了本书研究的主要内容、方法与创新点。

第二章：主要介绍了柴达木生态特区社会经济发展现状，并对柴达木生态特区的经济优势进行了评价，从而为后续的研究奠定了基础。

第三章：首先，分析了柴达木生态特区能源开发利用现状及开发潜力；其次，对柴达木生态特区能源开发利用的需求趋势进行了预测；最后，采用因子分析法对柴达木生态特区能源开发利用的制约因素进行了分析。

第四章：揭示了柴达木生态特区能源开发利用对经济增长及生态环境的影响，并提出了柴达木生态特区能源可持续开发利用的思路与保障措施。

第五章：主要揭示了柴达木生态特区生态环境的发展状态。首先，通过对柴达木生态特区生态足迹、生态承载力进行分析，揭示了柴达木生态特区的生态安全状况；其次，通过构建耦合模型，对柴达木生态特区社会经济与生态环境的耦合协调度进行了分析，揭示了柴达木生态特区社会经济的发展与生态环境之间的关系。

第六章：提出了柴达木生态特区建设的思路与保障措施。首先，分析了柴达木生态特区建设存在的问题及主要制约因素；其次，分析了柴达木生态特区建设面临的机遇与挑战；最后，提出了柴达木生态特区建设的思路、模式与保障措施。

第七章：对全书研究内容进行了总结，并指出了本书研究的不足之处。

（二）本研究的主要方法

第一，采用演绎、归纳法阐述了国内外生态文明建设的相关理论；第二，采用数理统计的分析方法阐述了柴达木生态特区生态环境、能源及经济发展概况；第三，通过构建模型分析了柴达木生态特区能源的碳排放量及能源消费对地区经济增长的影响；第四，通过构建生态与经济发展的耦合模型，分析了柴达木生态特区生态与经济社会发展的耦合协调度；第五，采用因子分析法分析了柴达木生态特区能源与生态特区建设的制约因素；第六，采用定性定量相结合的方法分析了国内外生态文明建设带给我们的启示，并结合柴达木生态特区生态环境、能源及经济发展状况提出了柴达木生态特区建设的思路与保障措施。

五、本研究的创新

本研究的创新主要包括：①从多维的角度分析了柴达木生态特区生态环境、能源与经济发展三者之间的关系；②综合运用统计分析方法，对柴达木生态特区能源与生态特区创新模式进行了分析；③从生态文明建设、经济全球化及"一带一路"的角度提出了柴达木生态特区能源与生态特区的发展思路及模式选择。

第二章
柴达木生态特区社会经济发展现状及经济优势评价

一、柴达木生态特区自然资源、行政地理概况简介

（一）柴达木生态特区行政地理概况简介

柴达木生态特区位于中国青藏高原东北部，青海省西北部，是中国三大内陆盆地之一。柴达木生态特区南有昆仑山，北面、东面有祁连山，西面有阿尔金山，介于 90°16′E～99°16′E、35°00′N～39°20′N 之间，东西长约 800 千米，南北宽约 300 千米，总面积为 24 万平方千米①。

柴达木生态特区在行政区划上，隶属于青海省海西蒙古族藏族自治州，占海西州行政辖区总面积的 85.31%，占青海省总面积的 35.6%，既是支撑青海省社会、经济可持续发展的重要增长极，也是青藏高原重要的新型工业生产基地和高原特色产业发展的核心地区，其承担着支撑青海省社会经济和谐发展的重任。

（二）柴达木生态特区自然资源禀赋概况

柴达木生态特区位于中国四大盆地之一——柴达木盆地。由于其拥有丰富的矿产资源，且多种矿产资源储量在中国位居前列，因此，素有"聚宝盆"之美誉。

---

① 海西州人民政府网站 2018 年 1 月 2 日发布的《柴达木盆地：绿色版图扩大》。

1. 能源资源概况

柴达木生态特区由于其特殊的地质环境和地理条件，其不仅拥有丰富的化石性能源资源，如石油、天然气、煤炭等，而且拥有丰富的恒定性能源资源，如太阳能、风能等。

（1）化石性能源资源概况。柴达木生态特区化石性能源资源主要有石油、天然气、煤炭这三种。目前，柴达木生态特区累计探明加控制的石油地质储量为4.08亿吨，可采探的石油资源储量为3443.1万吨，居全国第13位；天然气探明加控制的储量为3046亿立方米，其中已探明储量为3046亿立方米，为中国陆上四大天然气产区之一；煤炭探明加保有的资源储量为51.5亿吨，占青海省保有储量的72.86%，主要分布在鱼卡矿区、绿草山大煤矿区，以及木里煤田聚乎更矿区、江仓矿区。这些为当地石油、天然气、煤炭采掘与加工业的发展提供了丰富的物质资源。

（2）恒定性能源概况。一是太阳能。柴达木生态特区位于中国青藏高原东北部，平均海拔在2800米以上，空气稀薄，日光透过率较高，日照时间较长，全年光照时间均在3500小时以上，日照率为80%以上，年均太阳总辐射量为7000兆焦/米^2，为全国第二高值区。目前，柴达木生态特区太阳能发电理论装机容量为28亿千瓦·时，理论发电量达51200亿千瓦·时，占青海省理论装机发电量的90%以上，成为青海省太阳能产业的领跑者。二是风能。柴达木生态特区大部分地区属于风能可利用区，地区内全年8级以上大风日数平均为18~137天，全年平均风功率密度多在50~100瓦/米^2，风能可利用时间为3500~5000小时，出现频率为50%~70%，是青海省风能资源富集区。

由此可以看出，柴达木生态特区不仅拥有丰富的石油、天然气等化石性能源资源，而且拥有丰富的太阳能、风能等恒定性能源资源，这些为柴达木生态特区能源产业的发展奠定了良好的资源基础条件。

2. 矿产资源概况

柴达木生态特区矿产资源十分丰富，截至2018年底，累计发现各类矿产资源86种，矿点1050处，占青海省矿产资源总量的59%。柴达木生态特区探明拥有一定储量的矿产资源有48种，占青海省总矿产资源数量的55%，全国的28%；资源潜在经济价值达16.27万亿元，占青海省潜在经济价值的

95%，全国的 13%。其中，盐湖矿产有 12 种，主要包括钠盐 3317 亿吨、镁盐 210 亿吨、钾盐 7.06 亿吨、芒硝 69 亿吨、锂 1890 万吨、锶 1928 万吨等矿产资源，储量均居全国首位。其中，氯化钾、氯化镁、氯化锂等资源储量占全国已探明储量的 90% 以上，硼矿资源储量达 1573 万吨，溴资源储量达 29 万吨，储量均居全国第二位。

柴达木生态特区拥有金属矿 16 种，主要包括铁、铬、铜、铝、锌等。柴达木生态特区累计探明铁矿的资源储量为 2.9 亿吨，远景储量为 5 亿吨以上，主要分布在东昆仑山北坡的都兰、格尔木地区。以昆仑山、柴达木生态特区北缘成矿带为主的有色金属及黑金属矿区，已探明和保有黄金资源储量为 100 吨，铝、锌为 150 万吨，铜 50 万吨，钼 5 万吨。柴达木生态特区非金属矿目前发现有 27 种，主要包括石灰岩、白云岩、硫铁矿、重晶石、蛇纹岩、硅灰石等，其中，电石级石灰岩储量居全国首位。

由于柴达木生态特区拥有丰富的矿产资源，其不仅拥有"聚宝盆"之美誉，而且为柴达木生态特区采掘业、盐湖化工、冶金业等行业的发展提供了丰富的物质资源。

3. 水资源概况

柴达木生态特区水资源较为匮乏。地区内水资源总量为 52.7 亿立方米，按全国及流域水资源综合规划，年水资源可利用量为 19 亿立方米。由于该区域河流长流区域保水能力较差，净流量小，入渗量和蒸发量大，再加上该地区地下水埋藏较深，开发难度大，成本高，目前实际已开发利用水资源为 5.5 亿立方米，剩余可利用水资源为 13.5 亿立方米。从用水比例看，农业灌溉用水较高，除自然蒸腾系数高以外，农业用水方法落后是导致耗水高的直接原因。因此，水资源的匮乏在一定程度上制约了柴达木生态特区农业及水利产业的发展。

4. 土地资源概况

柴达木生态特区可利用土地面积为 49197 万亩。其中：农业用地为 16712 万亩，占可利用土地面积的 33.97%；建设用地为 120.74 万亩，占可利用土地面积的 0.25%；未利用土地为 30114 万亩，占可利用土地面积的 61.21%。由于地区内分布着大面积的盐地、盐沼、砂砾、戈壁，这为柴达木生态特区盐湖化工、太阳能、风能等产业发展提供了良好的土地环境条件。

5. 森林资源概况

在以荒漠灌丛和草地为主的柴达木生态特区，由于海拔较高，气候寒冷，水资源匮乏，造成森林植被的生长发育受到很大限制。柴达木生态特区现有林业用地面积为2702.44万亩，其中：林地为54.1万亩，疏林地为60.56万亩，灌木林地为874.58万亩，未成林造林地为75.19万亩，宜林地为1637.55万亩，苗圃用地为0.46万亩。柴达木生态特区灌木林主要分布在东部地区，其虽占有较大比重，但森林覆盖率仅为3.5%。[1] 天然乔木林主要分布在柴达木东部海拔在3200～4000米的山地上，以祁连圆柏和青海云杉为主；天然灌木林分布在马海以东，海拔在2800～3000米的冲积平原、河谷阶地和固定、半固定沙丘上，主要有柽柳、梭梭、白刺、沙棘等。由于受自然地理及气候环境的影响，导致柴达木生态特区森林覆盖率较低，植物多以草本植物为主，因此该地区涵养水源、保持水土的能力较差，土地沙化较为严重。

6. 生物资源概况

柴达木生态特区生物资源十分丰富。其中，农业主要有：小麦、青稞、豌豆、蚕豆、芸薹、马铃薯等农作物；牧业主要有：牦牛、柴达木黄牛、高原毛肉兼用半细毛羊、柴达木绒山羊及绵羊等家畜；中藏药材资源主要有：枸杞、甘草、罗布麻、菊芋、黄芪、红景天、大黄、锁阳、白刺等。

由于柴达木生态特区海拔较高，平均气温较低，导致该地区农作物主要以高寒冷凉性作物为主，且中藏药材较为丰富，这为柴达木生态特区大力发展高原冷凉性农作物及中藏药材生产与加工业提供了良好的资源基础条件。

（三）柴达木生态特区环境气候概况

柴达木生态特区属于典型的高寒大陆性荒漠气候，气候干燥寒冷，年均气温在5℃以下，气温变化剧烈，绝对温差可以达60℃以上，日温差也常在30℃左右。地区内全年无霜期较短，仅为80～140天。由于地区内日平均气温较低，导致生物物种生长周期较长，生态环境一旦受到破坏，很难在短期内进行修复，因此，生态环境比较脆弱。同时，柴达木生态特区风力

---

[1]　资料来源于《海西州统计年鉴2019》。

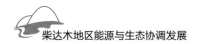

较强，年 8 级以上大风日数可达 25～75 天，西部甚至可出现 40 米/秒的强风，风力蚀积强烈，植被以草甸为主。由于柴达木生态特区日照时数较长，太阳辐射强度较强，地区内水汽蒸发量较大，降水量较少，年降水量自东南部的 200 毫米递减到西北部的 15 毫米，因此，土地干涸程度较高，土地沙化现象严重。虽然近年来，由于受全球升温的影响，柴达木生态特区年均气温上升 0.3℃，降水量亦有所增加，由 2008 年的 115.2 毫米上升到 2019 年的 245 毫米，但仍满足不了柴达木生态特区对水资源的需求。严寒的气候环境条件和降水量的匮乏制约和阻碍了柴达木生态特区生物物种的繁衍发展。

综上所述，柴达木生态特区自然资源较为丰富，其不仅满足了地区经济发展的需求，同时也为中国东部、中部地区经济的进一步繁荣发展提供了充足的物质保障，亦为柴达木生态特区寻找新的经济增长点提供了丰富的物质资源。但由于柴达木生态特区自然地理气候条件较为恶劣，海拔较高，年均气温较低，日温差较大，年降水量较少，风沙肆虐，导致植被以草甸植物和耐寒耐冷型灌木丛为主，生物生长周期较长，生态环境的自我修复能力较差，生态环境比较脆弱；加之生态环境的消费具有不可逆性，导致柴达木生态特区生态环境一旦受到破坏，很难在短时期内进行修复。因此，柴达木生态特区应合理开发利用自然资源，加强生态环境保护，通过生态文明体系的构建，实现人与自然的和谐发展。

二、柴达木生态特区社会经济发展现状

（一）柴达木生态特区经济发展状况分析

经济全球化一体化及"一带一路"建设为柴达木生态特区实现经济的快速增长提供了良好的机遇。柴达木生态特区借此东风，走上了轰轰烈烈的经济发展快车道，地区生产总值由 2008 年的 273.11 亿元上升到 2019 年的 666.11 亿元，年均增长率为 8.44%（见表 2-1）。2019 年，柴达木生态特区生产总值占青海省地区生产总值的 22.46%，经济总量在青海省位居第二。其中，2019 年，柴达木生态特区第一产业生产总值为 37.50 亿元，对

地区生产总值的贡献率为 4.7%，拉动地区经济增长率为 0.4%；第二产业生产总值为 438.96 亿元，对地区生产总值的贡献率为 72.5%，拉动地区经济增长率为 5.4%；第三产业生产总值为 189.65 亿元，对地区生产总值的贡献率为 22.8%，拉动地区经济增长率为 1.7%。

表 2-1　2008~2019 年柴达木生态特区生产总值

年份	生产总值（亿元）	第一产业（亿元）	第二产业		第三产业（亿元）	人均生产总值（元）
			（亿元）	其中：工业（亿元）		
2008	273.11	7.03	217.68	201.19	48.40	62583
2009	291.78	7.37	228.23	206.42	56.18	65850
2010	205.39	10.28	195.34	175.78	44.78	53555
2011	360.80	13.70	289.96	263.53	57.15	73259
2012	376.32	17.59	301.17	275.86	57.56	75795
2013	388.52	21.73	299.37	266.79	67.42	77812
2014	395.72	25.64	289.08	251.16	81.00	78616
2015	414.00	25.07	264.43	235.55	124.50	81616
2016	464.67	28.09	298.75	269.67	137.83	90960
2017	518.86	29.46	340.67	302.64	148.74	100965
2018	599.62	33.36	403.74	358.64	162.52	116002
2019	666.11	37.50	438.96	389.82	189.65	128172

资料来源：《海西州统计年鉴 2019》。

柴达木生态特区人均地区生产总值由 2008 年的 6.26 万元增加到 2019 年的 12.82 万元，年均增长率为 6.73%（见表 2-1）。2019 年，柴达木生态特区人均地区生产总值比青海省人均地区生产总值高 6.1 万元，其成为促进青海省经济快速增长的动力之一。

（二）柴达木生态特区经济增长率分析

2008~2019 年，柴达木生态特区地区生产总值年均增长率为 8.44%，经济总量呈不断上升趋势。仅在 2010 年柴达木生态特区生产总值出现了下

降趋势，2010年地区生产总值比2009年地区生产总值下降了29.6%（见图2-1）。这主要是因为：为构建绿色低碳经济发展，促进柴达木生态特区生态文明建设，柴达木生态特区加快绿色产业园区经济改造，对高耗能、高污染、高排放的企业实行严格的关停整改措施，并进行行业部门的资源重新组合与调整；严格执行固定资产投资项目合理用能评估审查制度，大力推动"两型"企业建设，对一部分传统的、产能落后的企业实行关停政策。因此，造成柴达木生态特区经济增长率呈下降趋势，地区生产总值由2009年的291.78亿元下降到2010年的205.39亿元。此后，柴达木生态特区为促进地区经济增长，大力推进特色优势产业发展，重点推进42个"双百"企业项目，通过青海省确定的30个重点项目和州政府确定的70个重点项目，全力扶持投资项目运行工作，有针对性地帮助环保企业解决好项目建设、贷款融资、要素配置等方面存在的突出问题；加快推进盐湖化工产业、石油化工产业、天然气产业、碱盐等项目建设，积极落实支农惠农政策，加快推进农牧业产业化进展；加大基础设施投入力度，改善城乡居民生活条件；加大科技投入力度，提高地质勘探成效。这些措施大大促进了柴达木生态特区经济的稳定发展，使柴达木生态特区生产总值在2010年后呈逐年上升趋势。

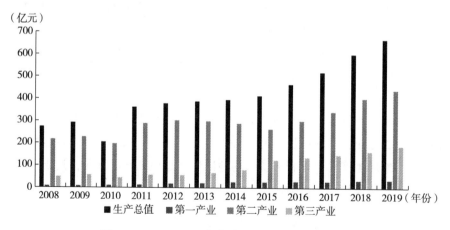

图2-1 2008~2019年柴达木生态特区生产总值

资料来源：《海西州统计年鉴2019》。

（三）柴达木生态特区产业结构发展状况

为促进柴达木生态特区经济的稳定、快速增长，柴达木生态特区对产业结构进行了适度调整，使柴达木生态特区产业结构趋向于优化和合理化，这为进一步推动柴达木生态特区经济的快速增长奠定了基础。

柴达木生态特区农业在地区经济中处于基础地位，它为地区经济的发展提供了资金、劳动力、生产资料和市场等要素保障。因此，柴达木生态特区在进行产业结构调整的过程中，十分重视农业在地区经济中的基础地位，并加大了对第一产业的投入力度，通过积极调整第一产业内部结构，优先发展优势行业和部门，从而使柴达木生态特区第一产业的生产总值由2008年的7.03亿元增加到2019年的37.5亿元（见表2-1），年均增长率为16.4%，第一产业对地区经济增长的贡献率为4.7%，第一产业生产总值占柴达木生态特区生产总值的5.6%。

柴达木生态特区在"一带一路"建设和脱贫致富奔小康的发展道路上，依托资源禀赋优势，大力发展第二产业，并形成以盐湖化工、新能源、新材料等为主的六大工业生产体系，从而使柴达木生态特区第二产业的生产总值由2008年的217.68亿元上升到2019年的438.96亿元（见表2-1），第二产业生产总值年均增长率为6.6%，占柴达木生态特区生产总值的65.9%，对柴达木生态特区经济的贡献率为72.5%。

为促进柴达木生态特区工农业的稳步发展，促进地区产业结构优化升级，解决劳动就业问题，增加居民收入，柴达木生态特区大力发展第三产业。在加强基础设施建设的同时，柴达木生态特区大力发展生态旅游业，促进社会商品零售业的发展，使柴达木生态特区第三产业生产总值由2008年的48.40亿元增加到2019年的189.65亿元（见表2-1），年均增长率为13.2%。2019年柴达木生态特区第三产业生产总值占柴达木生态特区生产总值的28.5%，对地区经济增长的贡献率为22.8%。

随着柴达木生态特区经济的快速增长及产业结构的优化，使得柴达木生态特区三次产业的产业结构比例也发生了变化。柴达木生态特区三次产业的产业结构比例由2008年的2.6∶79.7∶17.7转变为2019年的5.6∶65.9∶28.5（见表2-2）。虽然第二产业在柴达木生态特区经济结构中仍处于主导地位，但在地区生产总值中的比重呈日趋下降趋势，第一产业和第三产业生产总值在柴达木生态特区生产总值中的比重呈不断上升趋势，产业结构得到进一步优化。

表 2-2　2008~2019 年柴达木生态特区生产总值构成

年份	第一产业（%）	第二产业（%）	第三产业（%）
2008	2.6	79.7	17.7
2009	2.5	78.2	19.3
2010	4.1	78.0	17.9
2011	3.8	80.4	15.8
2012	4.7	80.0	15.3
2013	5.6	77.1	17.3
2014	6.5	73.0	20.5
2015	6.0	63.9	30.1
2016	6.0	64.3	29.7
2017	5.7	65.6	28.7
2018	5.6	67.3	27.1
2019	5.6	65.9	28.5

资料来源：《海西州统计年鉴2019》。

1. 第一产业内部结构分析

为促进柴达木生态特区第一产业的稳步发展，保证地区经济的快速增长，柴达木生态特区对第一产业内部结构进行了适度调整，这不仅使柴达木生态特区第一产业内部结构趋于合理化，而且有利于增加农牧民收入。柴达木生态特区依托地区自然资源禀赋，积极发展特色生态农业，使柴达木生态特区的农、林、牧、渔及农林牧渔服务业的产值结构比例发生了较大的变化。柴达木生态特区第一产业内部产值结构比例由 2008 年的 35.5：3.8：56.3：0.3：4.1 转变为 2019 年的 56.8：3.6：38.0：0.2：1.4（见表2-3）。农业在第一产业中的比重总体呈上升趋势，牧业和农林牧渔服务业产值比重总体呈逐年下降趋势，林业和渔业在第一产业生产总值中所占的比重虽有波动，但基本保持在一个稳定的水平上。

表 2-3　2008~2019 年柴达木生态特区农、林、牧、渔及农林牧渔服务业产值构成

年份	农业（%）	林业（%）	牧业（%）	渔业（%）	农林牧渔服务业（%）
2008	35.5	3.8	56.3	0.3	4.1
2009	31.9	3.4	60.6	0.2	3.9
2010	35.6	3.6	56.4	0.2	4.1
2011	43.5	5.7	47.2	0.4	3.2
2012	45.7	4.8	46.5	0.3	2.6
2013	52.2	3.7	41.7	0.2	2.2
2014	57.0	4.6	36.5	0	1.8
2015	60.8	5.3	32.0	0.3	1.6
2016	62.8	5.3	30.2	0.3	1.6
2017	62.4	5.1	30.6	0.3	1.6
2018	57.6	4.0	36.7	0.2	1.5
2019	56.8	3.6	38.0	0.2	1.4

资料来源：《海西州统计年鉴 2019》。

在农业方面，柴达木生态特区坚持大力发展优势特色产业的发展理念，大力培育优良品种，提高农作物产量，加之中藏药材种植业等行业的发展，使柴达木生态特区农业生产总值由 2008 年的 3.27 亿元上升到 2019 年的 33.10 亿元（见表 2-4），年均增长率为 23.43%。其中，增长速度最快的是 2010 年，2010 年比 2009 年农业生产总值增长了 74.5%。这是因为，2009 年柴达木生态特区加大了农业基础设施建设，2010 年柴达木生态特区又积极发展特色农业——藜麦、芸薹等种植业，使柴达木生态特区农业生产增加值增长较快，农业生产呈现强有力的发展势头。

表 2-4　2008~2019 年柴达木生态特区农、林、牧、渔及农林牧渔服务业生产总值

年份	农业（万元）	林业（万元）	牧业（万元）	渔业（万元）	农林牧渔服务业（万元）
2008	32668	3481	62150	251	4001
2009	38695	3956	61401	270	4500
2010	67507	8801	73204	594	4923
2011	93818	9918	95539	624	5415
2012	138822	9827	110802	522	5954
2013	192419	15609	123604	1175	6178
2014	245579	21429	129397	1184	6536
2015	266063	22372	128217	1246	6835
2016	277426	22661	136195	1307	7110
2017	274559	20904	158402	664	7435
2018	299913	21035	190790	792	7863
2019	331029	21148	221678	591	8275

资料来源：《海西州统计年鉴 2019》。

随着柴达木生态特区"三北"防护林的建设及祁连山地区生态保护和生态修复试点项目的稳步推进，柴达木生态特区林业生产总值也由 2008 年的 0.35 亿元增加到 2019 年的 2.11 亿元（见表 2-4），年均增长率为 17.82%。其中，2010 年林业生产总值增长速度最快，2010 年林业生产总值是 2009 年的 2.2 倍，林业在柴达木生态特区第一产业中的产值比重也由 2009 年的 3.4%上升到 2019 年的 3.6%。这对柴达木生态特区生态环境保护具有积极意义。

虽然柴达木生态特区畜牧业产值比重呈逐年下降趋势，由 2008 年的 56.3%下降到 2019 年的 38.0%，年均下降率为 3.5%，但畜牧业在柴达木生态特区经济中仍占有重要地位。柴达木生态特区畜牧业生产总值在第一产业生产总值中仍占有 1/3 的比重，在柴达木生态特区第一产业的发展中仍具有举足轻重的地位。柴达木生态特区畜牧业生产总值由 2008 年的 6.22 亿元增加到 2019 年的 22.17 亿元，年均增长率为 12.3%（见表 2-4）。为进一步提高柴达木生态特区生态环境质量，2010 年柴达木生态特区开始采取草地生态修复政策，实施草地复种和灭鼠行动，从而大大提高了草场载畜能力。2011 年柴达木生态特区畜牧业生产总值比 2010 年增长了 30.5%。草地生态环境的改善，使柴达木生态特区畜牧业生产总值也得到了进一步提升。

虽然柴达木生态特区渔业生产总值在第一产业中的产值比重没有发生太大变化，但其生产总值仍由 2008 年的 251 万元增加到 2019 年的 591 万元，年均增长率为 8.1%（见表 2-4）。其中，2013 年渔业生产总值增速最快，比 2012 年增长了近 1.3 倍。这主要是由于可鲁克湖、托素湖等湖水养殖业的发展，使柴达木生态特区渔业生产总值有所上升。

随着柴达木生态特区农业、林业、牧业及渔业的发展，柴达木生态特区农林牧渔服务业也得到了长足发展。虽然农林牧渔服务业在第一产业生产总值中的比重由 2008 年的 4.1% 下降到 2019 年的 1.4%，年均下降率为 9.3%，但其生产总值却由 2008 年的 0.40 亿元增加到 2019 年的 0.83 亿元，年均增长率为 6.83%（见表 2-4）。其中，2009 年农林牧渔服务业生产总值的增长速度最快，比 2008 年增长了 12.5%，这为柴达木生态特区农、林、牧、渔业的发展提供了良好的服务机制。

由此可以看出，柴达木生态特区第一产业发展速度较快，第一产业内部结构由牧业主导型逐步向农业主导型过渡，且柴达木生态特区林业、渔业及农林牧渔服务业均得到不同程度的发展。这主要是由于柴达木生态特区在大力发展绿色生态农业的同时，积极推进林业、渔业和生态畜牧业的发展，同时，为促进农、林、牧、渔业的稳定、协调发展，柴达木生态特区努力加大基础设施建设，大力发展农林牧渔服务业，以满足农、林、牧、渔业的发展需要。

2. 第二产业内部结构分析

柴达木生态特区依托地区资源优势，借助"一带一路"建设及经济全球化的良好发展机遇，大力发展盐湖化工、有色金属冶金业、新能源、新材料等工业经济，使柴达木生态特区经济快速增长。随着柴达木生态特区工业经济的快速增长及规模的不断扩大，其工业生产总值由 2008 年的 201.2 亿元上升到 2019 年的 389.8 亿元，年均增长率为 6.2%（见表 2-5）。党的十八大报告指出：必须更加自觉地把全面协调可持续作为深入贯彻落实科学发展观的基本要求，全面落实经济建设、政治建设、文化建设、社会建设、生态文明建设五位一体总体布局。柴达木生态特区积极响应国家政策，在工业生态文明建设上加大对高耗能、高污染企业的惩处力度，进行资源重新组合，提高资源利用效率。同时，柴达木生态特区对规模以下能耗高的生产企业实行关停整改政策，从而导致2013～2015年柴达木生态特区工业经济生产总值呈逐年下降趋势。但随着柴达木生态特区产业结构的进一步调整，2016年其工业经济又走上了蓬勃发展之路，到2019年柴达木生态特区工业生产总值为389.8亿元，工业经济又呈现出稳步健康发展的趋势。

表 2-5　2008～2019 年柴达木生态特区第二产业生产总值

年份	2008	2009	2010	2011	2012	2013	2014	2015	2016	2017	2018	2019
第二产业（亿元）	217.7	228.2	195.3	290.0	301.2	299.4	289.1	264.4	298.7	340.7	403.7	439.0
工业（亿元）	201.2	206.4	175.8	263.5	275.9	266.8	251.2	235.5	269.7	302.6	358.6	389.8
建筑业（亿元）	16.5	21.8	19.6	26.4	25.3	32.6	37.9	28.9	29.1	38.0	45.1	49.1

资料来源：《海西州统计年鉴 2019》。

随着工业经济及城市经济的发展，柴达木生态特区建筑业也得到了快速发展。柴达木生态特区建筑业生产总值由2008年的16.5亿元上升到2019年的49.1亿元，年均增长率为10.4%（见表2-5）。其中，2011年建筑业发展最快，比2010年建筑业生产总值增长了34.7%。这主要是因为：一方面，随着人均收入水平的不断提高和人口数量的增加，以及政府安居工程的不断扩大，柴达木生态特区开始实施老旧小区综合治理及海西州城镇棚户区改造、农牧民危房改造等工程，柴达木生态特区建筑业由此迅速蓬勃成长起来；另一方面，工农业发展，道路、水利工程等基础设施的建设，对柴达木生态特区建筑业的发展也起到了积极的推动作用，使柴达木生态特区建筑业生产总值的增长速度明显高于工业生产总值的增长速度。柴达木生态特区 2008~2019 年建筑业生产总值年均增长率为 10.4%，工业生产总值年均增长率为 6.2%。与此同时，柴达木生态特区工业和建筑业在第二产业中所占的比重也发生了相应的变化，由 2008 年的 92.4：7.6 转变为 2019 年的 88.8：11.2（见表 2-6）。由表可以看出，2008~2019 年柴达木生态特区工业生产总值在第二产业中的比重呈下降趋势，而建筑业生产总值在第二产业生产总值中所占比重呈上升趋势，说明柴达木生态特区建筑业发展非常迅速。

表 2-6　2008~2019 年柴达木生态特区第二产业生产总值构成

年份	2008	2009	2010	2011	2012	2013	2014	2015	2016	2017	2018	2019
工业（%）	92.4	90.4	90.0	90.9	91.6	89.1	86.9	89.1	90.3	88.8	88.8	88.8
建筑业（%）	7.6	9.6	10.0	9.1	8.4	10.9	13.1	10.9	9.7	11.2	11.2	11.2

资料来源：《海西州统计年鉴 2019》。

3. 第三产业内部结构分析①

随着柴达木生态特区第一产业和第二产业的蓬勃发展，第三产业也得到了飞速发展，尤其是旅游业发展较为迅速。柴达木生态特区旅游业销售收入由 2008 年的 2.8 亿元增加到 2019 年的 110 亿元，年均增长率为 39.6%，成为柴达木生态特区第三产业的主力军（见表 2-7）。其中，2010 年柴达木生态特区旅游业发展较为迅速，与 2009 年柴达木生态特区旅游业收入相比增长了 57.9%。旅游业之所以呈现出强劲的增长势头，主要原因在于柴达木生态特区积极响应青海省生态立省的发展政策，除了大力发展生态农牧业和工业经济外，还积极开发生态旅游资源，在构建国家自然生态保护区的基础上，积极开拓国家级、省级和地方级旅游景点。其中，昆仑山国家地质公园被列入世界地质公园名录，柏树山森林地质公园，昆仑文化旅游产业园，哈里哈图森林公园，茶卡盐湖、翡翠湖、金子海、水上

---

①　由于受调查统计资料的限制与制约，只能对社会商品零售业，交通运输、仓储和邮政业，旅游业进行分析。

雅丹等旅游景点得以开发建设，10 条旅游精品路线被开发出来。柴达木生态特区在大力培育生态旅游的同时，还积极鼓励自驾游等新兴旅游产业，积极开展全域全季旅游，努力打造中国西部最具影响力的旅游黄金目的地。这大大促进了柴达木生态特区旅游业的发展，使柴达木生态特区旅游业走上了蓬勃发展之路。这不仅带动了柴达木生态特区第三产业的发展，而且对提高当地居民收入、解决劳动就业问题都具有积极意义。

表 2-7　2008~2019 年柴达木生态特区社会商品零售业、交通运输仓储邮政业及旅游业收入

年份	2008	2009	2010	2011	2012	2013	2014	2015	2016	2017	2018	2019
社会商品零售业（亿元）	27.8	31.9	38.1	44.6	51.8	57.1	63.7	69.3	75.9	82.5	87.7	93.3
交通运输、仓储和邮政业（亿元）	15.4	16.3	14.2	17.5	16.7	19.1	23.8	33.4	38.2	43.6	44.6	47.1
旅游业（亿元）	2.8	3.8	6	8.9	13.9	19	25	37	58	86	99	110

资料来源：《海西州统计年鉴 2019》。

柴达木生态特区交通运输、仓储和邮政业的收入由 2008 年的 15.4 亿元增加到 2019 年的 47.1 亿元，年均增长率为 10.7%（见表 2-7）。其中，增长速度最快的是 2015 年，2015 年柴达木生态特区交通运输、仓储和邮政业的收入与 2014 年相比增长了 40.3%。这是因为，柴达木生态特区作为支疆援藏的交通枢纽，为了满足柴达木生态特区工农业及旅游业发展的需求，柴达木生态特区加大了对交通运输、仓储和邮政业的投资力度，并对青藏铁路格拉段进行了扩能改造，扩大了其运输能力，从而使柴达木生态特区交通运输、仓储和邮政业得到了长足发展。

随着柴达木生态特区工业，农业，交通运输、仓储和邮政业，旅游业等的发展，柴达木生态特区社会商品零售业规模也开始逐渐壮大。2008 年

柴达木生态特区社会商品零售业收入为 27.8 亿元，到 2019 年社会商品零售业收入增加到 93.3 亿元，年均增长率为 11.6%（见表 2-7）。其中，2010 年柴达木生态特区社会商品零售业收入增长速度最快，比 2009 年增长了 19.4%，这主要与柴达木生态特区旅游业的快速发展有关。为促进旅游业发展，解决劳动者就业问题，提高城镇居民收入，柴达木生态特区不断加大对社会商品零售业的投入力度，努力完善旅游业配套服务设施，鼓励民俗文化商品销售，从而为零售业的发展奠定了基础。2019 年社会商品零售业生产总值占柴达木生态特区第三产业生产总值的 49.2%，仅次于旅游业的比重。

由此可以看出，柴达木生态特区旅游业的快速发展带来了交通运输、仓储和邮政业与社会商品零售业等服务行业的持续增长（见图 2-2），旅游业将成为柴达木生态特区实现经济持续稳定增长的新增长点。

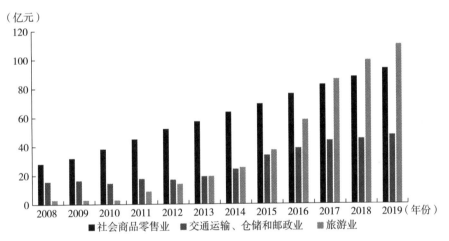

图 2-2　2008~2019 年柴达木生态特区社会商品零售业，
交通运输、仓储和邮政业，旅游业销售收入

资料来源：《海西州统计年鉴 2019》。

（四）柴达木生态特区固定资产投资状况分析

为促进柴达木生态特区经济的稳定增长，柴达木生态特区积极开展招商引资工作，通过多种渠道与多种方式吸纳资金，使柴达木生态特区固定资产投资呈稳步上升趋势。2008 年柴达木生态特区全社会固定资产投资总额为 125.53 亿元，到 2019 年全社会固定资产投资上升为 825.50 亿元（见表 2-8），年均增长率为 18.68%。其中，增长速度最快的是 2011 年和 2012 年，其分别比上一年增长了 50.4% 和 49.8%。虽然柴达木生态特区固定资产投资在 2015 年有所下降，比上一年下降了 6%，但从总体上看，固定资产投资呈不断上升趋势（见图 2-3）。这为柴达木生态特区经济的快速稳定增长提供了强有力的资金保障。

表 2-8　2008~2019 年柴达木生态特区固定资产投资

年份	2008	2009	2010	2011	2012	2013	2014	2015	2016	2017	2018	2019
固定资产投资（亿元）	125.53	133.88	178.23	268.06	401.59	510.07	538.42	505.86	559.97	700.17	763.89	825.50

资料来源：《海西州统计年鉴 2019》。

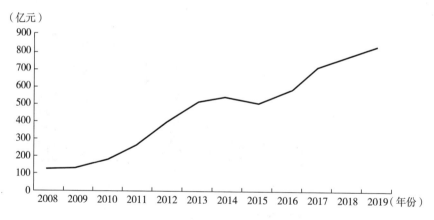

图 2-3　2008~2019 年柴达木生态特区固定资产投资

从固定资产投资完成额来看，柴达木生态特区第一产业、第二产业和第三产业固定资产投资完成额均呈上升趋势。柴达木生态特区第一产业固定资产投资完成额由 2008 年的 2.79 亿元上升到 2019 年的 29.01 亿元，年均增长率为 23.72%（见表 2-9）。其中，2012 年第一产业固定资产投资完成额增长幅度最高，比 2011 年增长了近 1.3 倍。这主要是由于 2012 年柴达木生态特区开始大力发展绿色生态农业，尤其是藜麦、枸杞、芸薹、青稞等种植业的发展，吸引了大量资金注入，从而使柴达木生态特区第一产业固定资产投资完成额增加，第一产业发展迅速。

表 2-9　2008~2019 年柴达木生态特区按产业分固定资产投资完成额

年份	2008	2009	2010	2011	2012	2013	2014	2015	2016	2017	2018	2019
第一产业（亿元）	2.79	3.76	6.63	4.71	10.63	10.06	14.79	24.84	23.69	33.24	29.55	29.01
第二产业（亿元）	108.66	99.87	134.51	214.26	320.42	410.64	416.95	410.09	429.09	488.73	598.21	665.81
第三产业（亿元）	14.08	30.25	37.09	49.09	70.54	89.37	106.68	70.93	107.19	178.26	136.13	157.68

资料来源：《海西州统计年鉴 2019》。

柴达木生态特区第二产业固定资产投资完成额由 2008 年的 108.66 亿元上升到 2019 年的 665.81 亿元，年均增长率为 17.92%（见表 2-9）。其中，2011 年柴达木生态特区第二产业固定资产投资完成额比 2010 年增长了 59.3%。这主要是因为，柴达木生态特区积极响应党中央"建设资源节约型、环境友好型社会"的号召，大力发展循环经济，实行绿色清洁能源生产，使风能、太阳能、盐湖化工等行业异军突起，成为第二产业发展的主力军。为加快循环经济和新材料、新能源产业的建设步伐，柴达木生态特区积极招商引资，并制定优先发展新能源、新材料等行业的一些优惠政策。这不仅吸引了大量国有企业投资和外商投资，还吸纳了大量民间投资，使得柴达木生态特区第二产业固定资产投资的完成额增长较快。

2008 年柴达木生态特区第三产业固定资产投资完成额为 14.08 亿元，到 2019 年第三产业固定资产投资完成额上升到 157.68 亿元，年均增长率为 24.56%（见表 2-9）。其中，2009 年柴达木生态特区第三产业固定资产投资完成额增长幅度最大，比 2008 年增长了 1.1 倍。这主要是因为：柴达木生态特区为保证第一产业和第二产业的快速发展，通过招商引资加大了对交通运输等基础设施建设的投入；同时，为解决劳动者就业问题，增加居民收入，柴达木生态特区加大了对旅游业的宣传力度，通过吸纳资金，大

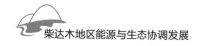

力发展旅游业，从而带动了社会商品零售业等服务业的发展，促使柴达木生态特区第三产业固定资产投资完成额总体呈上升趋势。这为柴达木生态特区第三产业的迅速崛起奠定了良好的资金基础条件。

综上所述，随着柴达木生态特区经济的快速增长，固定资产投资总体呈逐年上升趋势，且随着柴达木生态特区产业结构的进一步调整，第三产业固定资产投资完成额增长速度最快，年均增长率为 24.56%，比第一产业、第二产业增长速度分别高 0.84% 和 6.64%。柴达木生态特区第三产业对地区经济增长的贡献率为 22.8%，拉动地区经济增长 1.7%，第三产业发展呈现良好的势头。

（五）柴达木生态特区人均收入水平分析

随着柴达木生态特区经济的快速增长，人均收入水平亦有所提高。2008年柴达木生态特区城镇居民人均可支配收入为 13522 元，到 2019 年城镇居民人均可支配收入增长至 35219 元，年均增长率为 9.09%（见表 2-10）。其中，2011 年柴达木生态特区城镇居民人均可支配收入增长幅度较大，比2010 年增长了 13.4%。这是由于，柴达木生态特区工业经济和第三产业的发展使劳动者的就业结构发生了变化，且就业途径增多，劳动者的收入水平也有所提高。柴达木生态特区经济的快速增长与产业结构的调整，不仅使城镇居民人均可支配收入水平有所提高，而且使农村居民人均可支配收入水平也有所提高。农村居民人均可支配收入由 2008 年的 3725 元增长到2019 年的 15052 元，年均增长率为 13.54%（见表 2-10）。其中，2009 年农村居民人均可支配收入增长速度最快，比 2008 年农村居民人均可支配收入增长了 22%。这是因为，为促进第一产业的发展，拓展农牧民的就业渠道，实现脱贫致富，柴达木生态特区通过引进优良品种，结合地区生态气候条件，大力发展冷凉性农作物，并积极发展生态农业和乡村生态旅游业；同时，加大农村基础设施建设，促进农林牧渔服务业的发展，拓展农产品销售渠道，从而大大提高了农村劳动者的生产积极性和收入水平，促进了农村居民人均可支配收入水平的提高（见图 2-4）。这为柴达木生态特区脱贫、扶贫，实现共同富裕奠定了基础。

表 2-10　2008~2019 年柴达木生态特区城镇居民及农村居民可支配收入

年份	2008	2009	2010	2011	2012	2013	2014	2015	2016	2017	2018	2019
城镇居民人均可支配收入（元）	13522	15077	15276	17325	19371	21328	23201	25422	27723	30237	32721	35219
农村居民人均可支配收入（元）	3725	4544	5264	6368	7668	8895	9971	10680	11646	12724	13882	15052

资料来源：《海西州统计年鉴 2019》。

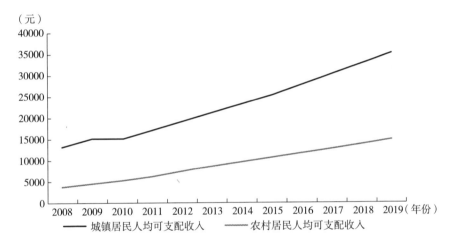

图 2-4　2008~2019 年柴达木生态特区城镇居民及农村居民人均可支配收入

资料来源：《海西州统计年鉴 2019》。

（六）柴达木生态特区劳动者就业分析

随着柴达木生态特区经济的快速增长，劳动者就业人数亦呈逐年上升趋势。2008 年柴达木生态特区劳动者就业人数为 204902 人，到 2019 年劳动就业人数上升到 369277 人，年均增长率为 5.5%（见表 2-11）。其中，劳动就业人数增长幅度最快的是 2011 年，比 2010 年增长了 23.6%。为进一步促进柴达木生态特区循环经济的稳定发展，2011 年柴达木生态特区加大了固定资产投入，尤其是第二产业固定资产投入大幅增加，使柴达木生态特区工

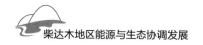

业经济的发展规模不断扩大，劳动需求数量增多。此外，随着第三产业的不断发展，其对劳动力的需求也呈急速上升趋势，从而使柴达木生态特区劳动者就业人数总体呈急速上升趋势。由此可见，随着柴达木生态特区经济的快速增长与发展，劳动者就业人数也呈快速增长趋势（见图2-5）。

表2-11　2008~2019年柴达木生态特区三次产业劳动者就业人数

年份	2008	2009	2010	2011	2012	2013	2014	2015	2016	2017	2018	2019
劳动者就业人数（人）	204902	218205	218856	270563	275851	294678	294678	308484	325013	347212	350261	369277
第一产业（人）	69934	75927	79071	79705	74594	73488	76987	81133	81803	80767	82509	88292
第二产业（人）	47894	52018	55813	70320	79018	97378	94878	96923	93175	93906	95291	91621
第三产业（人）	87074	90260	83972	102039	116951	104985	122813	130428	150035	172539	172461	189364

资料来源：《海西州统计年鉴2019》。

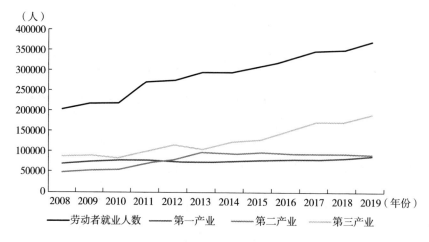

图2-5　2008~2019年柴达木生态特区劳动者就业结构

资料来源：《海西州统计年鉴2019》。

随着柴达木生态特区经济的稳定增长与产业结构的进一步优化，柴达

木生态特区劳动者就业结构也发生了相应的变化。劳动者就业结构比例由
2008 年的 34.13：23.37：42.50 转变为 2019 年的 23.91：24.81：51.28
（见表 2-12）。

表 2-12　2008~2019 年柴达木生态特区三次产业劳动者就业构成比

单位：%

年份	2008	2009	2010	2011	2012	2013	2014	2015	2016	2017	2018	2019
第一产业	34.13	34.80	36.13	27.57	26.64	26.1	26.1	26.3	25.17	23.26	23.55	23.91
第二产业	23.37	23.84	25.5	29.21	35.3	32.2	32.2	31.42	28.67	27.05	27.21	24.81
第三产业	42.50	41.36	38.37	43.22	38.06	41.7	41.7	42.28	46.17	49.69	49.24	51.28

资料来源：《海西州统计年鉴 2019》。

　　柴达木生态特区第一产业的劳动者就业人数由 2008 年的 69934 人转变
为 2019 年的 88292 人，就业人数年均增长率为 2.14%（见表 2-11）。其中，
2009 年第一产业劳动者就业人数增长速度最快，比 2008 年增长了 8.6%。
这主要是因为，2009 年柴达木生态特区积极响应青海省生态立省的政策，
不仅加大了对第一产业基础设施的投入力度，而且对第一产业内部产业结
构进行了调整，在大力发展绿色生态农业的同时，大力发展乡村旅游业，
使第一产业劳动者的人均收入水平有所提高，劳动者就业人数也有所增加。
　　随着柴达木生态特区工业经济的快速发展，柴达木生态特区第二产业
劳动者就业人数由 2008 年的 47894 人增加到 2019 年的 91621 人，就业人数
年均增长率为 6.07%（见表 2-11）。其中，2011 年柴达木生态特区第二产业
劳动者就业人数增长速度最快，比 2010 年劳动者就业人数增长了 25.99%。
另外，2013 年劳动者就业人数达到最高值 97378 人后，劳动者就业人数开
始呈缓慢下降趋势。这主要是因为，随着柴达木生态特区循环经济、新能
源、新材料等行业的发展，劳动力需求量增加，导致劳动者就业人数呈急
速上升趋势，在 2013 年达到就业高峰。因此，柴达木生态特区对第二产业
内部结构进行了调整，对一些产能落后的行业部门采取关停整改等一系列
淘汰措施，使得柴达木生态特区第二产业的就业人数开始急速下降，甚至
在 2014 年和 2016 年出现了劳动者就业人数的负增长，这对柴达木生态特区

解决劳动就业问题、提高居民人均可支配收入水平造成了一定的影响。

随着柴达木生态特区第三产业服务业的发展，柴达木生态特区第三产业劳动者就业人数总体呈上升趋势，由 2008 年的 87074 人转变为 2019 年的 189364 人，就业人数年均增长率为 7.32%（见表 2-11）。第三产业成为三大产业中劳动者就业人数增长速度最快的，这主要是因为，随着柴达木生态特区第二产业的不断发展，劳动力开始向第二产业内部流动，但随着柴达木生态特区第二产业内部产业结构的调整，第二产业内部劳动者就业人数开始出现轻微波动。为解决劳动就业问题、增加劳动者收入，柴达木生态特区积极寻找新的经济增长点，大力发展生态旅游业和现代服务业，扩大社会商品零售业、金融业、物流业等服务行业的规模，使第三产业劳动者就业容纳量急速上升，劳动力开始向第三产业内部转移，因而第三产业的劳动者就业人数呈上升趋势。从劳动者就业总人数看，柴达木生态特区第三产业劳动者就业人数明显高于第一产业和第二产业就业人数。2019 年柴达木生态特区第一产业就业人数为 88292 人，第二产业就业人数为 91621人，第三产业就业人数为 189364 人，第三产业劳动者就业人数分别是第一产业和第二产业劳动者就业人数的 2.14 倍和 2.07 倍。从劳动者就业人数增长率来看，第三产业劳动者就业人数增长率分别比第一产业和第二产业的劳动者就业增长率高出 5.18 个和 1.25 个百分点。第一产业由于受制于土地资源，导致劳动者就业容纳量有限，劳动者就业人数增长缓慢，且在三次产业劳动者就业结构中所占比例最低，且呈下降趋势。虽然随着柴达木生态特区盐湖化工业、新能源、新材料等行业的发展，第二产业劳动者就业人数有所增加，但在柴达木生态特区三次产业劳动者就业结构中所占比例呈下降趋势。第三产业在当地政府的大力支持下得到长足发展。伴随着第三产业的快速发展及其规模的不断扩大，柴达木生态特区第三产业就业吸纳能力增强，劳动力由第一产业和第二产业逐渐向第三产业转移，第三产业就业人数增长较快，且三次产业劳动者就业结构比例由 2008 年的 34.13：23.37：42.50 转变为 2019 年的 23.91：24.81：51.28，劳动者就业结构进一步趋于合理化。

由此可见，伴随着柴达木生态特区产业结构的调整，劳动者就业结构也发生了相应的变化，劳动者就业结构由 2008 年的"三一二"模式转变为

2019 年的"三二一"模式。同时，第二产业和第三产业劳动者就业人数增长较快，远超第一产业劳动者就业人数增长率，劳动者就业结构趋于合理化。

（七）结论

综上所述，在中国经济高质量发展时期，柴达木生态特区抓住机遇，迎难而上，加快产业结构调整，使其经济总产出量呈逐年上升趋势，生产总值年均增长率为 8.44%，产业结构比例由 2008 年的 2.6∶79.7∶17.7 转变为 2019 年的 5.6∶65.9∶28.5，第二产业生产总值在地区生产总值中的比重明显下降，而第一产业和第三产业生产总值在地区生产总值中的比重不断上升，且第一产业和第三产业生产总值年均增长率分别为 16.4% 和13.2%，均高于第二产业生产总值年均增长率。

同时，随着柴达木生态特区农业产业政策的调整，第一产业也由牧业主导型向农业主导型过渡。2019 年，柴达木生态特区农业生产总值占地区第一产业生产总值的 56.8%，居主导地位；牧业生产总值位居第二，占地区生产总值的 38%。其中，农业生产主要以特色种植业藜麦、枸杞、中藏药材和高原地区冷凉性农产品等为主，以满足柴达木生态特区社会经济发展的客观需求。

随着柴达木生态特区循环经济政策的进一步实施，第二产业逐步形成了以盐湖化工初级循环、油气采掘加工业、冶金制造业和中藏药材加工业、新材料、新能源等为主的工业生产格局。柴达木生态特区通过引进先进技术和设备提高了单位资源利用效率，使柴达木生态特区第二产业生产总值由 2008 年的 217.68 亿元上升到 2019 年的 438.96 亿元，年均增长率为6.6%。2019 年，柴达木生态特区工业生产总值占地区生产总值的 58.52%，成为柴达木生态特区经济增长的核心点。随着柴达木生态特区工农业的快速增长，建筑业也得到快速发展。为解决城乡居民的居住问题及工农业发展的厂房建设等问题，柴达木生态特区加快推进建筑业的发展，以保证安居工程满足工农业发展需要。柴达木生态特区建筑业生产总值由 2008 年的16.5 亿元上升到 2019 年的 49.1 亿元，年均增长率为 10.4%，增长速度快于工业经济增长速度，从而为柴达木生态特区安居工程和工农业发展提供

了良好的基础保障。

为加快旅游业的发展，柴达木生态特区努力打造了十条精品旅游路线，使柴达木生态特区旅游业的收入由 2008 年的 2.8 亿元增加到 2019 年的 110 亿元，年均增长率为 39.6%，2019 年旅游业收入在柴达木生态特区第三产业生产总值中所占比重为 58%，成为柴达木生态特区第三产业发展的主力军。旅游业的发展带动了柴达木生态特区交通运输、仓储和邮政业及社会商品零售业等服务业的发展，使柴达木生态特区第三产业经济增长率高于第二产业经济增长率，成为柴达木生态特区实现经济快速增长的第二大推动力。

伴随着柴达木生态特区产业结构的进一步调整，柴达木生态特区劳动者就业结构也发生了相应的变化。柴达木生态特区劳动者就业结构比例由 2008 年的 34.13：23.37：42.50 转变为 2019 年的 23.91：24.81：51.28。第三产业劳动者就业人数增长较快，2008~2019 年劳动者就业人数年均增长率为 7.32%，这为柴达木生态特区第三产业的发展提供了充裕的劳动力资源。柴达木生态特区第二产业劳动者就业总人数虽呈增长趋势，但其年均增长率较第三产业劳动就业人数年均增长率低 1.25 个百分点。柴达木生态特区第一产业劳动者就业人数年均增长率均低于柴达木生态特区第二产业和第三产业劳动者就业人数年均增长率。这主要是因为，随着柴达木生态特区产业结构调整及农业生产的规模化、集约化发展，使第一产业劳动者就业人数在劳动者就业结构中的占比下降。劳动者就业结构转变为"三二一"的发展模式，这既符合社会经济发展的客观规律，也符合学者魁奈提出的产业结构演变的规律。

经济的增长离不开投资，柴达木生态特区在实现经济快速增长的过程中，为保证经济的正常运行与快速发展，柴达木生态特区通过招商引资、内部筹措资金等模式，扩大地区固定资产投资，使柴达木生态特区固定资产投资在 2008~2019 年年均增长率达到 23.72%。这为柴达木生态特区经济持续、稳定增长提供了有力的资金保障。

随着柴达木生态特区固定资产投入的增加，经济的快速增长，柴达木生态特区劳动者的收入水平也有所提高。2008~2019 年，柴达木生态特区城镇居民人均可支配收入年均增长率为 9.09%，农村居民人均可支配收入年均增长率为 13.54%，农村居民的人均可支配收入增长率高于城镇居民人均可支配收入增长率。这主要是因为，在较为粗放的生产模式下，农村居民的收入水平较低，但柴达木生态特区农业生产的规模化、集约化和生态化的发展，以及农家乐生态旅游业的发展，使农村居民人均可支配收入水平大幅提高。因此，随着柴达木生态特区经济的快速增长，不仅促使柴达木生态特区产业结构、劳动者就业结构趋向于合理化，而且也大大促进了当地居民的劳动就业，使地区人均收入水平得到不断提高，柴达木生态特区社会经济呈良性发展趋势。

三、柴达木生态特区经济优势评价

为进一步对柴达木生态特区经济发展状况进行分析，本书运用经济优势度评价法对柴达木生态特区各地区经济优势进行评价，从而为柴达木生态特区建设提供理论参考。

(一) 评价方法

1. 耕地资源优势度评价

$$C' = \frac{c_i / p_i}{\sum_i c_i / \sum_i p_i} \qquad (2-1)$$

式中，C' 为耕地资源优势度，c_i 为第 i 个生态经济单元的耕地面积，p_i 为第 i 个生态经济单元国土面积。

2. 产业优势度比较

区位熵是空间分析中用以计量所考察的多种对象分布的方法，本书在此用于衡量各地区产业发展的比较优势。其计算公式为：

$$LQ_{ij} = \frac{L_{ij} / \sum_i L_{ij}}{\sum_j L_{ij} / \sum_i \sum_j L_{ij}} \qquad (2-2)$$

式中，LQ_{ij} 是 i 地区 j 行业的区位熵，L_{ij} 是第 j 个行业的增加值。

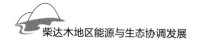

（二）评价结果

本书根据上述式（2-1）和式（2-2），并结合《海西州统计年鉴2019》相关数据，运用 SPSS 18.0 软件进行分析，其计算结果具体如表2-13至表2-16所示。

表2-13　青海省及各地区耕地面积、农业、工业、服务业生产总值

地区	地区生产总值（亿元）	总面积（公顷）	耕地面积（公顷）	农业生产总值（亿元）	工业生产总值（亿元）	服务业生产总值（亿元）
青海省	2965.95	72230000	589736.60	181.25	817.49	1504.30
西宁市	1327.82	7606750	125667.30	41.95	235.00	877.71
海东市	487.73	1320000	213034.40	67.42	101.74	232.36
黄南藏族自治州	100.95	1820000	15725	5.97	15.37	48.65
海北藏族自治州	91.7	3438989	56033.61	8.59	10.35	48.42
海南藏族自治州	174.66	4450000	87040.44	16.18	60.67	57.14
玉树藏族自治州	59.82	26700000	11473.39	8.46	0.83	19.96
果洛藏族自治州	46.18	7640000	307.07	1.68	3.72	23.91
柴达木生态特区	666.11	30085448	59640.30	33.10	389.82	189.65

资料来源：《青海省统计年鉴2020》。

表2-14　柴达木各地区耕地面积、农业、工业、服务业生产总值

地区	地区生产总值（亿元）	总面积（公顷）	耕地面积（公顷）	农业生产总值（亿元）	工业生产总值（亿元）	服务业生产总值（亿元）
格尔木	327.24	11917350	6850	5.35	189.57	101.87
德令哈	69.22	2776520	12722	5.99	21.5	31.09
乌兰	16.53	1224976	5349	2.35	7.77	3.74
大柴旦	31.64	2089884	1525	0.15	20.65	5.54
都兰	33.76	4526461	22218	13.44	10.87	8.52
天峻	11.59	2561263	0	0.18	0.18	5.21
冷湖	3.05	1775781	0	0	0.99	0.87
茫崖	48.43	3213215	0	0.0008	42.94	3.12

资料来源：《海西州统计年鉴2019》。

表 2-15 青海省各地区经济优势评价

地区	耕地优势度		农业区位熵		工业区位熵		服务业区位熵	
	值	水平	值	水平	值	水平	值	水平
西宁市	2.0234	较高	0.5170	低	0.6421	中等	1.3033	高
海东市	19.7668	高	2.2620	高	0.7568	中等	0.9393	较高
黄南藏族自治州	1.0582	中等	0.9677	中等	0.5524	中等	0.9502	较高
海北藏族自治州	1.9956	中等	1.5329	较高	0.4095	低	1.0411	高
海南藏族自治州	2.3956	较高	1.5159	较高	1.2603	较高	0.6450	中等
玉树藏族自治州	0.0526	较低	2.3142	高	0.0503	较低	0.6579	中等
果洛藏族自治州	0.0049	低	0.5953	低	0.2923	低	1.0208	高
柴达木生态特区	0.2428	较低	0.8131	中等	2.1232	高	0.5614	低

资料来源：根据式（2-1）、式（2-2）计算而得。

表 2-16 柴达木各地区经济优势评价

地区	耕地优势度		农业区位熵		工业区位熵		服务业区位熵	
	值	水平	值	水平	值	水平	值	水平
格尔木	0.2900	中等	0.3290	中等	0.9899	较高	1.0934	较高
德令哈	2.3114	高	1.7415	较高	0.5307	中等	1.5775	高
乌兰	2.2027	高	2.8610	较高	0.8032	较高	0.7947	中等
大柴旦	0.3681	中等	0.0954	较低	1.1152	高	0.6150	中等
都兰	2.4761	高	8.0115	高	0.5502	中等	0.8864	中等
天峻	0.0000	低	0.3125	中等	0.0265	低	1.5789	高
冷湖	0.0000	低	0.0000	低	0.5546	中等	1.0019	较高
茫崖	0.0000	低	0.0003	低	1.5151	高	0.2263	低

资料来源：根据式（2-1）、式（2-2）计算而得。

1. 柴达木生态特区经济优势度

从表 2-15 可以看出，柴达木生态特区工业区位熵在青海省处于高水平状态，且 2019 年柴达木生态特区工业生产总值占青海省工业生产总值的 47.68%，在青海省居第一位。这说明柴达木生态特区矿产资源的开发利用不仅有利于促进地区经济的快速增长，而且对促进青海省工业经济的快速发展也具有积极意义。从柴达木生态特区工业经济发展格局可以看出，柴达木生态特区目前已基本形成以盐湖资源综合利用为核心，以油气加工、冶金业、煤炭综合利用、新能源、新材料和高原特色生物为主导的"七大"产业体系。这是柴达木生态特区在依托当地资源禀赋优势的基础上构建的工业生产体系。这些资源禀赋优势为柴达木生态特区工业经济的发展提供了充足的物质资源。与其工业发展水平相比，柴达木生态特区农业和服务业发展水平相对较为滞后。由于柴达木生态特区耕地资源优势度为 0.2428，在青海省居第 6 位，处于相对较低的水平，而 2019 年农业生产总值在青海省位居第三，农业区位熵为 0.8131，在青海省处于中等地位。这说明柴达木生态特区在农业经济发展的过程中，能够充分利用耕地资源，积极引进优良品种，大力发展集约型现代化农业，从而使农业产出量上升，农业区位熵在青海省处于中等水平。

由于柴达木生态特区是通往西藏的中转站，也是中国内陆地区与西部青藏高原联系的交通枢纽，因此柴达木生态特区交通运输业发展较快。四通八达的交通公路的修建带动了柴达木生态特区生态旅游业的发展，进而带动了柴达木生态特区第三产业整体的发展。2019 年，柴达木生态特区服务业生产总值占青海省生产总值的 12.61%，在青海省各州市中位居第三。由表 2-15 可以看出，柴达木生态特区服务业区位熵在青海省处于低水平。综合以上分析可知，柴达木生态特区工业经济成为青海省经济发展的"领头羊"，而农业和服务业发展相对滞后。因此，加强柴达木生态特区基础设施建设，在稳步发展第二产业的同时，大力发展第三产业，对于促进柴达木生态特区社会经济的和谐、稳定发展，促进"三江源"生态文明建设均具有积极的意义和作用。

2. 柴达木各地区经济优势度

（1）格尔木市经济优势度。由表 2-16 可知，格尔木市工业区位熵为 0.9899，在柴达木生态特区处于绝对优势。这说明格尔木市依托资源优势，大力发展工业经济，促进了地区经济的快速增长。2019 年，格尔木市工业生产总值为 189.57 亿元，占柴达木生态特区工业生产总值的 48.63%，远高于柴达木其他地区工业生产总值，格尔木市的经济发展对拉动柴达木生态特区工业经济的增长做出较大的贡献，是促进柴达木生态特区工业经济快速增长的主力军。2019 年，格尔木市耕地面积为 6850 公顷，占柴达木生态特区耕地总面积的 11.49%，其耕地优势度为 0.2900，在柴达木生态特区处于中等地位。2019 年，格尔木市农业生产总值为 5.35 亿元，占柴达木生态特区农业生产总值的 16.16%，农业区位熵为 0.3290，处于中等水平。这说明格尔木市由于受耕地资源的限制，导致格尔木市农业区位熵较低，其农业生产在柴达木生态特区中不具有突出的优势地位。随着格尔木市交通运输业及旅游业等第三产业的发展，2019 年格尔木市服务业的生产总值达到 101.87 亿元，占柴达木生态特区服务业生产总值的 53.71%。格尔木市服务业的区位熵为 1.0934，在柴达木生态特区处于绝对优势地位。由此可见，格尔木市形成了以工业和服务业为主，以农业为辅的"二、三、一"的产业发展格局。

（2）德令哈市经济优势度。2019 年，德令哈市耕地面积为 12722 公顷，占柴达木生态特区耕地资源总量的 21.33%。其耕地优势度为 2.3114，在柴达木生态特区处于较高水平。依托丰富的耕地资源，2019 年德令哈市农业生产总值达到 5.99 亿元，占柴达木生态特区农业生产总值的 18.10%，农业区位熵为 1.7415，在柴达木生态特区处于较高水平，这说明德令哈市农业生产在柴达木生态特区具有较高的发展优势。2019 年，德令哈市服务业生产总值为 31.09 亿元，占柴达木生态特区服务业生产总值的 16.39%，且服务业的区位熵为 1.5775，在柴达木生态特区处于高水平状态，说明德令哈市服务业在柴达木生态特区具有较高的发展优势。为加快工业经济发展，德令哈市依托资源禀赋优势形成了以碱盐、石灰石、硫磺、煤炭加工业等为主的工业生产体系，2019 年，德令哈市工业生产总值为 21.5 亿元，占柴达木生态特区工业生产总值的 5.52%，在柴达木生态特区位居第三。2019 年，德令哈市工业区位熵为 0.5307，在柴达木生态特区处于中等地位。这说明德令哈市在充分利用地区矿产资源禀赋的基础上，虽加强了对资源的综合开发利用，但德令哈市工业经济的发展对地区经济的拉动作用仍低于农业和服务业对地区经济增长的贡献。因此，德令哈市形成了以农业和服务业为主，以工业为辅的经济发展格局。

（3）乌兰县经济优势度。2019 年，乌兰县耕地为 5349 公顷，占柴达木生态特区耕地面积的 8.97%，其耕地优势度为 2.2027，在柴达木生态特区处于高水平。依托丰富的耕地资源，2019 年乌兰县农业生产总值达到 2.35

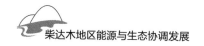

亿元，占柴达木生态特区农业生产总值的 7.10%，处于较高水平，故其农业区位熵为 2.8610，在柴达木生态特区处于较高水平。因此，农业经济的发展成为乌兰县经济发展的主动力。乌兰县矿产资源较为丰富，其凭借资源优势，形成了以盐化工加工业、冶金和非金属矿加工业为主的工业生产体系。2019 年，乌兰县工业生产总值为 7.77 亿元，占柴达木生态特区工业生产总值的 1.99%，2019 年其工业区位熵为 0.8032，在柴达木生态特区处于较高的水平。这说明乌兰县的工业在柴达木生态特区具有一定的优势。2019 年，乌兰县服务业生产总值为 3.74 亿元，占柴达木生态特区服务业生产总值的 1.97%。2019 年，乌兰县服务业的区位熵为 0.7947，在柴达木生态特区处于中等水平。因此，乌兰县应在大力发展生态农业的同时，大力发展工业循环经济，形成以农业支持工业，工业反哺农业的发展模式，并加快第三产业服务业的发展，以形成合理的经济发展格局。

（4）大柴旦经济优势度。大柴旦作为柴达木生态特区老工业区，其依托资源禀赋优势，形成了以碱盐化工业、煤炭加工业和新材料生产加工业等为主的工业格局。2019 年，大柴旦工业生产总值为 20.65 亿元，占柴达木生态特区工业生产总值的 5.30%，工业区位熵为 1.1152，在柴达木生态特区处于高水平。工业经济发展成为大柴旦地区经济快速增长的动力源泉。2019 年，大柴旦耕地面积为 1525 公顷，占柴达木生态特区耕地总面积的 2.56%，其耕地优势度为 0.3681，在整个柴达木生态特区处于中等地位。2019 年，大柴旦农业生产总值为 0.15 亿元，占柴达木生态特区农业生产总值的 0.45%，其农业区位熵仅为 0.0954，在柴达木生态特区处于较低水平，说明大柴旦对耕地资源的利用不充分，导致大柴旦农业在柴达木生态特区农业经济发展中无法占有一定的优势地位。2019 年，大柴旦服务业生产总值为 5.54 亿元，占柴达木生态特区第三产业生产总值的 2.92%，且大柴旦的服务业区位熵为 0.6150，在柴达木生态特区处于中等地位，说明随着大柴旦工业经济的发展，在加强与德令哈、格尔木等地区经济发展的联动过程中，带动了大柴旦交通运输业的发展。同时，随着大柴旦旅游资源的开发，也推动第三产业服务业的发展。因此，大柴旦应发挥工业经济的引领作用，带动第三产业服务业的发展，合理利用耕地资源，积极发展生态农业，以促进地区经济的稳定发展。

（5）都兰县经济优势度。2019年，都兰县耕地面积为22218公顷，占柴达木生态特区总耕地面积的37.25%，耕地优势度为2.4761，在整个柴达木生态特区位居第一。2019年，都兰县农业生产总值为13.44亿元，占柴达木生态特区农业生产总值的40.60%，农业区位熵为8.0115，在柴达木生态特区处于高水平，说明都兰县的农业经济在柴达木生态特区占有绝对的优势地位。2019年，都兰县工业区位熵为0.5502，在柴达木生态特区处于中等地位；工业生产总值为10.87亿元，占柴达木生态特区工业生产总值的2.79%，这说明都兰县工业发展在柴达木生态特区不具有绝对优势。2019年，都兰县服务业生产总值为8.52亿元，占柴达木生态特区第三产业生产总值的4.49%，都兰县服务业的区位熵为0.8864，在柴达木生态特区处于中等水平，说明都兰县第三产业服务行业发展在柴达木生态特区具有一定的优势。为此都兰县经济发展应以第一产业和第三产业为主，同时，加快第三产业发展，为该地区第一产业和第二产业的发展提供良好的服务和支持。

（6）天峻县经济优势度。2019年，天峻县工业生产总值为0.18亿元，工业区位熵为0.0265，在整个柴达木生态特区处于低水平，工业发展与柴达木其他地区相比较为滞后。天峻县由于海拔较高，地形以高山为主，因此耕地优势度为0，且2019年天峻县农业生产总值为0.18亿元，占柴达木生态特区农业生产总值的0.54%，其农业区位熵为0.3125，农业经济的发展在柴达木生态特区不具优势，处于中等水平状态。2019年，天峻县服务业生产总值为5.21亿元，占柴达木生态特区服务业生产总值的2.75%，且其服务业区位熵为1.5789，在柴达木生态特区处于高水平。这说明天峻县服务业在整个柴达木生态特区发展较快，并具有一定优势地位。因此，天峻县应根据其区位优势，形成以第三产业服务业为主导，以生态畜牧业为辅，第二产业适度发展的经济格局，以促进地区经济的增长。

（7）冷湖经济优势度。冷湖由于海拔较高，气温较低，昼夜温差较大，且地形以高山、荒漠为主，耕地资源极度匮乏。2019年，冷湖耕地资源优势度为0，农业区位熵在整个柴达木生态特区处于最低，也为0。这说明冷湖耕地资源匮乏，不利于农业生产发展。2019年，冷湖的工业生产总值为0.99亿元，占柴达木生态特区工业生产总值的0.25%，其工业区位熵为

0.5546，在整个柴达木生态特区处于中等水平。2019 年，冷湖服务业的生产总值为 0.87 亿元，占柴达木生态特区服务业生产总值的 0.46%，服务业区位熵为 1.0019，服务业在柴达木生态特区处于较高水平。由此可见，冷湖应积极发展第三产业服务行业，充分利用地区资源优势，大力发展以新能源产业为主的工业生产体系，充分利用生态资源优势，积极发展生态旅游业，适度发展草地畜牧业，以带动地区经济发展。

（8）茫崖经济优势度。茫崖由于其特殊的地理环境，其耕地优势度与农业区位熵均呈低水平发展状态，其农业区位熵仅为 0.0003，耕地优势度为 0。这说明茫崖可供农业生产的土地资源极度稀缺，不利于农业经济发展。但茫崖的工业区位熵在柴达木生态特区处于高水平，其工业区位熵为 1.5151。2019 年，茫崖的工业生产总值为 42.94 亿元，占柴达木生态特区工业生产总值的 11.02%。因此，工业经济的发展成为推动茫崖经济发展的主要动力。2019 年，茫崖服务业的生产总值为 3.12 亿元，占柴达木生态特区服务业生产总值的 1.65%，茫崖服务业的区位熵为 0.2263，在柴达木生态特区处于低水平，这主要受制于其交通运输等基础设施滞后，因而服务业发展滞缓。因此，茫崖应以工业生产为核心，加快服务业的发展，适度发展生态畜牧业，以促进地区经济的发展。

（三）结论

综上所述，柴达木生态特区应依据其资源优势，引进先进生产技术与设备，提高资源循环利用效率，在大力发展工业经济的同时，通过对传统农业的改造，加强生态畜牧业和绿色农业的发展，提高农牧业产出；同时，注重生态环境的保护，积极开拓生态旅游资源，加快基础设施建设和交通运输业的发展，在保证地区经济稳定发展的同时，为中国生态环境保护、能源资源的有效供给提供保障。

为保证柴达木生态特区经济的稳定发展，柴达木各地区应因地制宜、合理构建地区产业结构模式。例如，格尔木市应依托其盐湖、油气等资源优势和技术优势，构建以盐湖、油气等精细加工为主的工业生产体系；同时，应充分发挥其交通枢纽的优势，大力发展交通运输业，为格尔木市第一产业、第二产业和第三产业的发展提供便利的交通环境；此外，应通过构建藜麦、枸杞产业园区，积极发展绿色种植业，以发挥其龙头带动作用。德令哈市作为海西州首府，根据其区位熵可以看出，德令哈市应努力打造以藜麦、枸杞为主的种植业，积极发挥其交通便利的优势，加快生态旅游业发展步伐，加大服务业基础设施建设，形成以生态旅游+农业生产的产业格局，并依托其矿产资源的优势，优化工业经济发展内部结构，通过对资源的循环再利用，延长产品链，实现工业经济产出效益的最大化和生态效益的最大化。乌兰县应依托其耕地资源的优势，大力发展生态农业，加强旅游业和工业经济的发展；同时，通过引进先进的技术和设备，延长产品生产加工链，提高矿产资源的利用效率，在保护生态环境的同时，实现资源产出效益最大化。大柴旦应依托其老工业生产基地的优势，进行资源重组，优胜劣汰，对产能落后的企业实行兼并、转型等，通过大力发展循环经济，提高工业经济产出效率；同时，应加强第三产业服务业的发展，通过打造精品旅游带动整个第三产业的发展，在解决劳动者就业和提高居民收入的同时，促进经济快速增长，故大柴旦应形成以工业和旅游业为主，以农业为辅的产业格局。都兰县是柴达木生态特区重要的农业生产区，其应以绿色生态农业为主，以旅游业为辅，通过优化工业经济内部格局，适度发展工业经济。天峻县和冷湖由于其自然环境、地理条件较为恶劣，地形以高山、滩涂为主，农业发展极其困难，故这两个地区应适度发展生态畜牧业，积极开拓旅游资源，带动第三产业的发展，并解决劳动者就业问题。茫崖矿产资源较为丰富，故其工业产出占地区生产总值的比重较高，但由于交通运输业发展滞后，导致其经济产出效益与格尔木等地相比，发展较为滞缓。因此，茫崖应加快交通运输业的发展，以带动第三产业服务业的发展，促进茫崖工业经济的顺利发展。

第三章
柴达木生态特区能源开发
利用及制约因素分析

一、柴达木生态特区能源开发利用现状分析

（一）柴达木生态特区能源生产现状分析

能源是关乎一个国家和地区经济发展、居民生活、国防安全等方面的重要物质资源。近年来，柴达木生态特区经济快速增长，能源生产规模不断扩大，不仅满足了地区经济增长的有效供给，而且为中国"西气东输""西电东送"工程提供了有力的支撑与保障，为中国东部、中部地区经济的持续、稳定发展奠定了能源基础。

1. 各能源生产总量

为减少对生态环境的污染与破坏，柴达木生态特区对能源生产结构进行了适度调整。柴达木生态特区在稳步开发石油和天然气、煤炭等化石性能源资源的同时，积极开发风能和太阳能等新型清洁型能源资源，通过延长原煤的产业链，积极发展煤炭精细加工，使洗精煤和焦炭的产出能力不断提升，从而实现对化石性能源资源的综合开发利用，以促进柴达木生态特区清洁能源的生产。

由表3-1可知，柴达木生态特区2008年原煤的生产总量为931.0万吨，到2019年原煤的生产总量下降到888.52万吨，年均下降率为0.42%。这是因为，原煤生产不仅会造成生态系统的破坏，如对森林、树木植被的砍伐和草坪植物的破坏，而且会造成较大的环境污染，如一氧化

碳、瓦斯和粉尘颗粒物等废弃物的产生，导致大气环境污染较为严重。例如，中国本溪曾一度成为"卫星看不到的城市"。因此，柴达木生态特区积极调整能源生产结构，大力引进先进的技术和设备，努力延长煤炭产品生产加工链，不断提高资源的利用效率，尽可能减少对大气的污染，以保护生态环境的可持续性。因此，柴达木生态特区洗精煤的生产量由 2009年的 123.0 万吨下降至 2019 年的 30.0 万吨，年均下降率为 13.16%；焦炭生产量由 2008 年的 72.1 万吨上升到 2019 年的 191.1 万吨，年均增长率为 9.27%。

表 3-1　2008~2019 年柴达木生态特区各能源产量

年份	原煤（万吨）	原油（万吨）	天然气（万立方米）	发电量（万千瓦·时）	汽油（万吨）	柴油（万吨）	洗精煤（万吨）	焦炭（万吨）
2008	931.0	220.0	436507	129502	30.9	46.6	—	72.1
2009	1171.0	186.1	430697	201117	23.6	37.3	123.0	69.5
2010	1490.3	186.0	561017	146248	40.8	56.7	125.8	63
2011	1738.2	195.0	650096	242955	46.3	73.0	317.3	95.6
2012	2096.4	205.0	635000	369659	42.1	67.5	281.6	170.7
2013	2588.8	214.5	680624	421945	44.9	65.5	287.9	174.0
2014	1387.6	220.0	688953	542607	49.3	62.0	216.0	132.9
2015	480.8	223.0	613722	372065	53.9	67.3	—	—
2016	439.8	221.0	608116	627727	52.5	63.5	53.0	134.3
2017	555.4	228.0	640115	721594	51.7	66.9	71.1	151.4
2018	664.9	223.3	640503	775405	45.8	61.2	204.4	172.5
2019	888.52	228.0	640036	992908	53.0	65.6	30.0	191.1

注：由于 2008 年洗精煤和 2015 年洗精煤、焦炭无统计数据，故用"—"表示。

资料来源：《海西州统计年鉴 2019》。

由表 3-1 可知，柴达木生态特区原油产量由 2008 年的 220.0 万吨上升到 2019 年的 228.0 万吨，年均增长率仅为 0.33%，虽然增长幅度不大，但柴达木生态特区原油资源的稳健生产，为中国石油资源的消费提供了持续、安全、有效的供给。同时，柴达木生态特区汽油产量也由 2008 年的 30.9 万吨上升到 2019 年的 53.0 万吨，年均增长率为 5.03%；柴油产量由 2008 年的 46.6 万吨上升到 2019 年的 65.6 万吨，年均增长率为 3.16%。柴达木生态特区原油、汽油、柴油的稳定生产，为柴达木生态特区工农业及第三产业的发展提供了充足的能源保障。2008 年柴达木生态特区天然气的产量为 436507 万立方米，2019 年柴达木生态特区天然气的产量上升为 640036 万立方米，年均增长率为 3.54%。天然气的有效供给为柴达木生态特区实现清洁能源消费奠定了基础。由于煤炭、石油、天然气属于化石性不可再生资源，其存量会随着人类开采、开发利用规模的不断扩大而逐渐减少，稀缺程度不断上升，甚至出现短缺现象，对社会经济发展形成较大障碍。因此，柴达木生态特区在发展水电、火电的同时，积极利用地区风能、太阳能资源的优势，大力发展风能和太阳能产业，这不仅促进了柴达木生态特区新能源产业的发展，而且使柴达木生态特区发电总量由 2008 年的 129502 万千瓦·时上升到 2019 年的 992908 万千瓦·时，年均增长率为 20.34%（见表 3-1）。

2. 新能源发展状况

近年来，随着柴达木生态特区新能源产业的发展，使得风能、太阳能在柴达木生态特区得到广泛的推广与应用。截至 2019 年底，柴达木生态特区新能源发电项目实现并网，在建发电项目总装机规模达 1255 万千瓦，容量为 7317 兆瓦，累计发电量实现 374 亿千瓦·时，成功打造了千万千瓦级新能源基地，并创造了光伏全国单体项目装机容量第一，全国实现首家商业化运作的塔式光热电站等佳绩，填补了国内风光热储调荷智能调度等多项技术空白，已初步形成了光热、光伏、风能发电园区产业快速推进的发展格局。柴达木生态特区光伏发电量已由 2012 年的 55045 万千瓦·时上升到 2019 年的 471496 万千瓦·时，年均增长率为 35.91%（见表 3-2）。其中，2019 年光伏发电量占柴达木生态特区总发电量的 47.5%，在柴达木生态特区各种能源发电中居主导地位。这为柴达木生态特区实现清洁能源生产、促进绿色低碳经济发展提供了强有力的能源支持。

表 3-2　2012~2019 年柴达木生态特区光伏发电量

年份	2012	2013	2014	2015	2016	2017	2018	2019
光伏发电量 （万千瓦·时）	55045	131370	297391	372065	368378	424861	415575	471496

资料来源：历年《海西州统计年鉴》。

综上所述，柴达木生态特区能源的供给仍以化石性能源为主，太阳能等清洁型能源的供给所占比例仍较低，2019 年柴达木生态特区太阳能发电量占柴达木生态特区总发电量的 47.5%。为进一步调整能源供给结构，柴达木生态特区在积极响应青海省生态立省政策的同时，根据党的十八大和十九大关于能源政策的决定，对柴达木生态特区能源产业结构做出了相应调整。此次调整具有十分重要的意义和作用：①加强了对原煤产业的管制，通过技术改进与革新，提高了对原煤进行精细加工的能力，以减少对大气环境的污染。②在稳步增加天然气、石油开采的同时，保证了中国石油、天然气的有效、安全供给。③为减少能源的生产与消费对生态环境的污染与影响，柴达木生态特区对火电与水电加以管控。④大力发展风能、太阳能等清洁型新能源，在保障柴达木生态特区经济建设需求的同时，为中国"西气东输""西电东送"工程提供了强有力的保障。

（二）柴达木生态特区能源消费现状分析

1. 柴达木生态特区能源消费总量分析

自西部大开发政策实施以来，柴达木生态特区借此东风快车走上了轰轰烈烈的经济发展快车道。经济全球化及"一带一路"的发展，又为柴达木生态特区经济的快速增长提供了机遇。能源作为经济发展的主动脉，也由此进入一个快速消耗的阶段。2008 年柴达木生态特区能源消费总量为 423.76 万吨标准煤，2019 年能源消费总量达 1211.55 万吨标准煤，能源消费呈逐年递增趋势，年均增长率为 10.02%（见表 3-3）。2019 年柴达木生态特区能源消费占青海省能源消费总量的 26.08%，接近于青海省消费总量的 1/3。这主要是因为，随着柴达木生态特区工业经济的快速增长，地区内聚集了大量的油气、化工、冶金等高耗能产业，导致能源消耗较高，能源

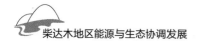

消费量呈逐年上升趋势。

表 3-3　2008～2019 年柴达木生态特区能源消费量

年份	2008	2009	2010	2011	2012	2013	2014	2015	2016	2017	2018	2019
消费量 （万吨 标准煤）	423.76	466.05	476.67	594.71	681.91	682.13	755.29	954.90	1018.93	1095.80	1183.32	1211.55

资料来源：《海西州统计年鉴 2019》。

2. 柴达木生态特区能源消费结构分析

（1）能源消费类型结构。柴达木生态特区能源消费以常规性能源——原煤、洗精煤、天然气、原油、柴油、电力等为主。2008 年柴达木生态特区原煤消费总量为 242.95 万吨，到 2019 年原煤消费总量达 818.08 万吨，年均增长率为 11.67%（见表 3-4）。其中，2009 年柴达木生态特区原煤消

表 3-4　2008～2019 年柴达木生态特区各种能源消费量

年份	原煤 （万吨）	洗精煤 （万吨）	焦炭 （万吨）	天然气 （亿立方米）	原油 （万吨）	汽油 （万吨）	柴油 （万吨）	电 （亿千瓦·时）
2008	242.95	—	9.76	14.06	109.19	4.33	32.07	—
2009	435.60	—	5.71	16.18	82.03	4.79	37.68	22.34
2010	427.59	7.12	0.67	13.59	127.98	5.29	39.46	26.13
2011	729.71	13.94	3.81	21.49	156.25	5.55	41.71	33.08
2012	804.68	45.99	10.56	26.96	145.44	5.69	42.35	40.62
2013	810.16	39.23	21.81	25.17	146.19	5.16	41.02	49.52
2014	735.66	27.94	39.19	21.87	143.34	6.98	41.65	59.95
2015	509.52	—	40.45	23.16	154.93	7.20	33.68	71.02
2016	719.62	48.45	42.09	26.43	149.45	8.11	35.46	68.91
2017	796.37	81.25	44.29	26.63	152.67	10.86	29.11	78.81
2018	936.33	128.14	44.31	26.48	142.51	11.38	29.71	96.33
2019	818.08	73.25	43.42	31.13	154.04	10.95	31.19	97.18

注：由于统计年鉴数据缺失，本书只能用"—"表示。

资料来源：历年《海西州统计年鉴》。

费增长率最高，比 2008 年增长了 79.3%。这主要是因为，柴达木生态特区在 2009 年积极推进盐湖化工、煤化工、冶金等七大特色产业发展，造成原煤的消费需求量急速增加。2016 年，柴达木生态特区原煤消费再次出现小高峰，原煤消费量比 2015 年增长了 41.23%。这主要是因为 2014~2015 年，为进一步促进循环经济发展，实现节能减排、减耗，柴达木生态特区进行了产业结构大调整，从而使经济增长速度减缓，原煤消费需求量下降。2016 年，柴达木生态特区为促进地区经济的稳定增长，增加了冶金、化工等行业的固定资产投资，从而使柴达木生态特区对原煤的消费需求增加，致使 2016 年柴达木生态特区原煤消费需求再次出现较大幅度上升。

柴达木生态特区洗精煤的消费量由 2010 年的 7.12 万吨上升到 2019 年的 73.25 万吨，年均增长率为 29.56%（见表 3-4）。其中，2012 年洗精煤的消费需求比 2011 年增加了 2 倍。此后，随着柴达木生态特区产业结构的调整，洗精煤的消费需求呈逐年下降趋势，直至 2016 年后，柴达木生态特区洗精煤的消费需求开始回升，2018 年洗精煤的消费需求达到最高，年消费量为 128.14 万吨，2019 年又有所下降，下降至 73.25 万吨（见图 3-1）。由此可以看出，柴达木生态特区洗精煤的消费需求相当不稳定，呈过山车式的发展状态，这不利于能源的可持续利用。

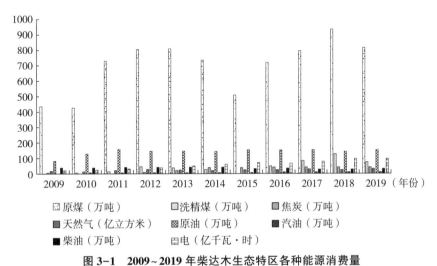

图 3-1　2009~2019 年柴达木生态特区各种能源消费量

资料来源：历年《海西州统计年鉴》。

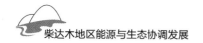

　　柴达木生态特区焦炭的消费量由 2008 年的 9.76 万吨上升到 2019 年的 43.42 万吨，年均消费增长率为 14.53%（见表 3-4）。其中，2011 年焦炭的消费量比 2010 年增加了 4 倍多。这是因为，2011 年柴达木生态特区编制完成了《柴达木循环经济试验区重点产业项目方案》，根据此方案，柴达木生态特区要进行年产 5000 吨碳纤维、乌兰焦化二期及配套焦炉气发电等 20 个重点项目建设，使得焦炭的需求量急速上升。

　　柴达木生态特区天然气的消费量由 2008 年的 14.06 亿立方米上升到 2019 年的 31.13 亿立方米，年均增长率为 7.49%（见表 3-4）。其中，2011 年天然气的消费量增长速度最快，比 2010 年增长了 58.13%。这主要是因为，全国范围煤改气工程的实施导致柴达木生态特区天然气的需求量大幅增加。

　　柴达木生态特区原油的消费量由 2008 年的 109.19 万吨上升到 2019 年的 154.04 万吨，年均增长率为 3.18%（见表 3-4）。其中，2010 年原油的消费量增长速度较快，比 2009 年增长了 56.02%。这主要是因为，2010 年柴达木生态特区为提高能源利用率，加快了油气化工产业的发展，从而使原油的消费需求大幅增加。

　　柴达木生态特区汽油的消费量由 2008 年的 4.33 万吨上升到 2019 年的 10.95 万吨，年均增长率为 8.80%（见表 3-4）。其中，2014 年柴达木生态特区汽油的消费量的增长速度最快，比 2013 年增长了 35.27%。这是因为，柴达木生态特区生态旅游业的发展，尤其是自驾游的发展，促使柴达木生态特区汽油的消费需求大幅增高。

　　柴达木生态特区柴油的消费量由 2008 年的 32.07 万吨下降至 2019 年的 31.19 万吨，年均下降率为 0.25%（见表 3-4）。其中，2015 年柴油的消费量下降幅度最大，比 2014 年下降了 19.14%。这是因为，柴油在燃烧的过程中，由于燃烧不充分，导致排放的废气较多，对大气环境的污染与破坏较强，因此柴达木生态特区在 2015 年提出要进行清洁型能源消费，淘汰一些柴油设施、设备及交通运输工具，从而使柴油的消费需求急速下降。

　　随着柴达木生态特区经济的稳定发展，柴达木生态特区电力消费量由 2009 年的 22.34 亿千瓦·时上升到 2019 年的 97.18 亿千瓦·时，年均增长率为 15.84%（见表 3-4）。其中，2011 年电力消费需求增长速度较快，比 2010 年增长了 26.6%。这是因为，2010 年柴达木生态特区致力于进一步推进"光明工程"，实施农村、城镇电路改造，推进村村通电，从而使柴达木生态特区用电量急速上升。

由此可见，2008~2019 年柴达木生态特区煤炭、天然气、原油、汽油和电力的能源消费需求均呈上升趋势，其中，天然气和原油的增长速度相对较为缓慢，而柴油的消费需求却呈下降趋势。这与柴达木生态特区的能源发展政策有关。

（2）能源消费产业结构。由表 3-5 可以看出，随着地区经济的发展，柴达木生态特区第一产业、第二产业和第三产业的能源消费均呈上升趋势。第一产业能源消费量由 2008 年的 2.97 万吨标准煤上升到 2019 年的 4.10 万吨标准煤，年均增长率为 2.97%。第二产业的能源消费量由 2008 年的 339.32 万吨标准煤上升到 2019 年的 1033.62 万吨标准煤，年均增长率为 10.66%。第三产业能源消费量由 2008 年的 63.27 万吨标准煤上升到 2019 年的 127.5 万吨标准煤，年均增长率为 6.58%。三大产业能源消费结构比例

表 3-5　2008~2019 年柴达木生态特区三次产业能源消费量

单位：万吨标准煤

年份	第一产业	第二产业		第三产业	能源消费总量
		总计	工业		
2008	2.97	339.32	335.37	63.27	423.76
2009	3.22	375.04	370.38	68.63	466.05
2010	3.30	377.42	371.87	73.85	476.67
2011	3.53	487.26	481.55	79.51	594.71
2012	5.75	562.34	556.49	85.81	681.91
2013	3.21	583.89	578.14	69.93	682.13
2014	3.93	635.97	629.61	88.65	755.29
2015	5.29	783.89	773.88	98.21	954.90
2016	5.21	764.93	754.17	154.51	1018.93
2017	7.32	943.73	933.56	103.32	1095.80
2018	3.80	1020.21	1010.65	116.37	1183.32
2019	4.10	1033.62	1023.04	127.50	1211.55

资料来源：历年《海西州统计年鉴》。

由 2008 年的 0.7：80.1：14.9 转变为 2019 年的 0.3：85.3：10.5。其中，第二产业能源消费量所占比重最大。2019 年，柴达木生态特区第二产业能源消费量占柴达木生态特区全社会能源消费总量的 85.3%。柴达木生态特区第二产业能源消费量主要聚集在工业，工业能源消费量由 2008 年的 335.37 万吨标准煤上升到 2019 年的 1023.04 万吨标准煤，占第二产业能源消费量的比重由 2008 年的 98.84% 上升到 2019 年的 98.98%。虽然从相对量上看涨幅不高，但从绝对量上来看，工业能源消耗在第二产业能源消耗中占有绝对优势，且呈上升趋势。2019 年，柴达木生态特区工业能源消费量占柴达木生态特区全社会能源消费总量的 84.44%。由此可见，工业能源消费是柴达木生态特区能源消费的主力军。

（3）从能源消费强度看。经济的快速增长离不开能源，柴达木生态特区在实现经济快速增长的过程中，单位 GDP 能源消耗由 2008 年的 1.55 吨标准煤/万元上升到 2019 年的 1.82 吨标准煤/万元，年均增长率为 1.46%（见表 3-6）。其中，2010 年单位 GDP 能源消耗增长幅度较大，比 2009 年增长了 45.3%，这主要是因为，柴达木生态特区在经济结构调整的过程中，通过资源重新组合，形成了一批新型企业。在柴达木生态特区大力推进盐湖化工、冶金等产业精加工的过程中，能源消费需求也在增加，导致单位 GDP 能源消耗上升。在 2016 年经济实现平稳过渡后，柴达木生态特区把节能减排工作放到首位，并对其进行绩效考核，使企业不得不严控能源消耗，导致 2016 年单位 GDP 能源消耗比 2015 年下降了 4.9%，工业增加值单位 GDP 能源消耗比 2015 年下降了 3.5%。2015 年以后，随着柴达木生态特区低碳经济的发展，单位 GDP 能源消耗呈逐年下降趋势，截至 2019 年，柴达木生态特区单位 GDP 能耗为 1.82 吨标准煤/万元，比青海省单位 GDP 能源消耗高 18.95%，能源消耗减量化有待进一步提升。

表 3-6　2008~2019 年柴达木生态特区单位 GDP 能源消耗

年份	2008	2009	2010	2011	2012	2013	2014	2015	2016	2017	2018	2019
单位 GDP 能耗（吨标准煤/万元）	1.5516	1.5973	2.3208	1.6483	1.8120	1.7557	1.9086	2.3065	2.1928	2.1119	1.9735	1.8188

资料来源：历年《海西州统计年鉴》。

3. 柴达木生态特区能源消费所呈现出的特点

由上述分析可以看出，柴达木生态特区能源消费呈现出以下几个特点：

（1）随着柴达木生态特区经济的快速增长，能源消费需求增加，单位GDP能源消耗总体呈上升趋势。在西部大开发政策及"一带一路"建设和经济全球化发展的背景下，柴达木生态特区抓住机遇，与时俱进，走上了经济的快速发展时期。然而，经济的快速增长离不开能源，能源是一个国家或地区经济增长的重要动力。柴达木生态特区在实现经济快速增长的同时，能源消费需求也随之增加，尤其是工业经济的发展使能源消费需求大幅增长。2019年，柴达木生态特区在实现地区生产总值666.11亿元的同时，全社会能源消费总量达到1211.55万吨标准煤，能源消耗是2008年的2.9倍，且每万元GDP能源消耗为1.82吨标准煤，单位GDP能源消耗比2008年增长了17.22%。由此可见，随着经济的快速增长，柴达木生态特区每万元GDP能源消耗随之增加，这说明能源是促进柴达木生态特区经济快速增长的重要动力。

（2）柴达木生态特区能源消费主要以原煤等化石性能源消费为主，造成资源、生态环境的污染与破坏现象较为严重。从能源消费结构可以看出，柴达木生态特区能源消费以化石性能源消费为主。2019年，柴达木生态特区化石性能源消费量占地区总能耗的80%以上。虽然2019年柴达木生态特区光伏发电量达471496万千瓦·时，占总发电量的47.5%，但化石性能源消费在柴达木生态特区能源消费中的主导地位在近几年内是不可撼动的。随着化石性能源资源消费需求的增加，导致大气中二氧化硫的排放量也呈增加趋势。柴达木生态特区二氧化硫的排放量由2008年的25315吨增加到2019年的27611吨，年均增长率为0.79%（见表3-7）。能源消费带来烟尘的排放量也随之增加。2008年，柴达木生态特区烟尘的排放量为13355吨，2019年上升到30860吨，年均增长率为7.9%（见表3-7）。化石性燃料的使用对柴达木生态特区大气中二氧化硫及烟尘含量的增加起到了推波助澜的作用，这对柴达木生态特区生态环境造成了一定程度的污染与破坏。

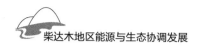

表 3-7　2008~2019 年柴达木生态特区二氧化硫及烟尘的排放量

年份	2008	2009	2010	2011	2012	2013	2014	2015	2016	2017	2018	2019
二氧化硫（吨）	25315	24004	26245	40163	36880	36880	39936	49336	44943	27060	30989	27611
烟尘（吨）	13355	14015	13252	21976	21805	22383	37345	44647	37971	30244	34635	30860

资料来源：历年《海西州统计年鉴》。

（3）工业能耗成为柴达木生态特区能源消费的主力军。柴达木生态特区素有"聚宝盆"之称，地区内各种矿产资源储量相对比较丰富。在经济全球化发展及"一带一路"建设的背景下，柴达木生态特区工业经济得到迅猛发展。由于柴达木生态特区工业以盐湖化工、冶金、采掘业等行业为主，工业生产总值由 2008 年的 201.19 亿元上升到 2019 年的 389.82 亿元，导致柴达木生态特区工业能源消费需求急速上升。工业能源消费需求由 2008 年的 335.37 万吨标准煤上升到 2019 年的 1023.04 万吨标准煤，工业能源消费需求占柴达木生态特区总能耗的比例也由 2008 年的 79.14%上升到 2019 年的 84.44%。2008~2019 年，柴达木生态特区工业能源消费需求年均增长率为 10.67%，工业能源消费成为柴达木生态特区能源消费的主力军。

因此，随着社会经济的发展，柴达木生态特区能源消费呈不断上升趋势，且能源消费以化石性能源消费为主，煤炭、石油、天然气成为化石性能源消费的主力军。由于工业在柴达木生态特区经济增长中处于核心地位，随着柴达木生态特区工业经济的快速增长，工业能源消费需求也随之增加，成为柴达木生态特区能源消费的主力军。由于生产技术水平较为落后，导致柴达木生态特区单位 GDP 能源消耗也随之增加。2019 年，柴达木生态特区单位 GDP 能源消耗为 1.82 吨标准煤/万元，比 2008 年增长了 17.2%。能源消费需求的增加对柴达木生态特区生态环境造成了一定程度的污染与破坏。2019 年，柴达木生态特区二氧化硫和烟尘的排放量分别为 27611 吨和 30860 吨，其中烟尘排放量年均增长率最高，对柴达木生态特区生态环境的可持续发展带来了一定的隐患。

二、柴达木生态特区能源消费需求趋势预测

一个国家或地区的经济发展水平与能源消费需求之间存在一定的数量

关系。为揭示柴达木生态特区能源消费需求的发展趋势，本书采用能源消费密度来进行分析：首先，计算出柴达木生态特区能源消费密度 e；其次，根据能源消费密度计算出柴达木生态特区的节能率 Y；最后，推算出能源消费量。具体计算过程如下：

（一）能源消费密度

能源消费密度值越大，说明单位能源产出越小，能源利用率越低。其计算公式为：

$$e=E/G \qquad (3-1)$$

式中，e 代表能源消费密度，E 代表年能源消费量，G 代表当年的地区生产总值。

由表 3-8 可以看出，随着经济的快速增长，柴达木生态特区能源消费密度呈不断上升趋势，由 2008 年的 0.00016 上升到 2019 年的 0.00018，能源利用率呈缓慢下降趋势。

表 3-8　2008~2019 年柴达木生态特区能源消费密度

年份 ＼ 指标	地区生产总值（万元）	能源消费总量（万吨标准煤）	能源消费密度（万吨标准煤/万元）
2008	2731112	423.76	0.00016
2009	2917835	466.05	0.00016
2010	2503949	476.67	0.00019
2011	3608028	594.71	0.00016
2012	3763206	681.91	0.00018
2013	3885156	682.13	0.00018
2014	3957138	755.29	0.00019
2015	4139951	954.90	0.00023
2016	4646693	1018.93	0.00022
2017	5188570	1095.80	0.00021
2018	5996165	1183.32	0.00020
2019	6661122	1211.55	0.00018

注：地区生产总值、能源消费总量数据来源于历年《海西州统计年鉴》；能源消费密度根据式（3-1）计算所得。

（二）节能率

假设期初 t_0 的能源消费密度为 e_{t0}，到某一时期 t 的能源消费密度为 e_t，那么从 t_0 到 t 这段时间的能源消费密度变化可以通过年均节能率 Υ 来表示。其计算公式如式（3-2）、式（3-3）所示：

$$e_t = e_{t0}(1-Υ)^{t-t0} \qquad (3-2)$$
$$即\ Υ = 1 - (e_t/e_{t0})^{1/(t-t0)} \qquad (3-3)$$

本书利用式（3-3）计算出了 2009~2019 年柴达木生态特区的节能率，具体计算结果如表 3-9 所示。

表 3-9　2009~2019 年柴达木生态特区的年均节能率

年份	2009	2010	2011	2012	2013	2014	2015	2016	2017	2018	2019
节能率（%）	2.942	10.766	2.036	3.955	2.503	3.512	86.454	4.419	3.485	2.434	1.455

本书根据表 3-9 中的数据推算出了 2009~2019 年柴达木生态特区的年均节能率：Υ=6.8%。

（三）柴达木生态特区能源消费需求趋势预测

设 α、β 分别为能源消费、经济产值的平均增长率，则

$$α = (E_t/E_{t0})^{1/(t-t0)} - 1 \qquad (3-4)$$
$$β = (G_t/G_{t0})^{1/(t-t0)} - 1 \qquad (3-5)$$

根据式（3-4）、式（3-5）可得：

$$α = β - Υ(1+β) \qquad (3-6)$$

由此，可通过节能率建立起能源消费与经济增长之间的数量关系，据此可以进行能源消费预测。若柴达木生态特区生产总值年均增长率为 9%，节能率按 6.8% 计算，据此本书可以预测出 2021~2025 年柴达木生态特区的能源消费量，具体预测结果如表 3-10 所示。

表 3-10　2021~2025 年柴达木生态特区能源消费需求趋势预测

年份	2021	2022	2023	2024	2025
消费量（万吨标准煤）	1423.53	1519.76	1622.49	1732.17	1849.27

由表 3-10 可以看出，2019 年柴达木生态特区全社会能源消费需求总量为 1211.55 万吨标准煤，预计到 2025 年柴达木生态特区全社会能源消费需求总量将达到 1849.27 万吨标准煤。当然，随着柴达木生态特区经济的发展，产业结构的调整，生产设备、技术水平的不断提高，能源的消费需求也会随之发生变化。

三、柴达木生态特区能源开发利用潜力分析

柴达木生态特区素有"聚宝盆"之美誉，其不仅拥有丰富的矿产资源（包括煤炭、石油、天然气储量较为丰富），且风能、太阳能资源也很丰富。

（一）煤炭

煤炭是化石性能源资源，其属于不可再生资源。柴达木生态特区 2019 年煤炭资源保有储量为 654719.8 万吨，而 2019 年煤炭开采量为 888.5 万吨，占保有储量的 0.14%，开采量较低，具有一定的开发潜力。自中国提出构建资源节约型、环境友好型社会，大力发展绿色低碳经济以来，柴达木生态特区不断对能源生产结构进行调整，并运用先进的技术和设备，努力提高煤炭的精细加工，在提高单位资源利用效率的同时，减少对生态环境的污染。同时，柴达木生态特区还大力开发清洁型新能源，以替代传统型化石性能源资源，使火电在柴达木生态特区供电总量中所占比例有所下降。2019 年柴达木生态特区火电占柴达木生态特区总发电量的 12.04%，比 2018 年下降了 5%，相应地对原煤的需求也有所下降，这有利于煤炭资源的可持续利用。

（二）石油

石油属于战略性储备资源，其丰裕程度不仅关乎一个国家或地区的经济发展，也关乎国防安全。因此，世界各国，尤其是发达国家对石油资源

的战略储备需求更大。中国既是一个石油输出大国，也是一个石油输入大国。目前，中国石油资源对外依存度高达 70% 左右①，这对中国国民经济的稳定、健康发展埋下了隐患。柴达木生态特区矿产资源较为丰富，石油资源储量相对较为丰裕。目前，柴达木生态特区累计探明加控制的石油地质储量为 4.08 亿吨，可采探储量为 3443.1 万吨，位居全国第 13 位。其丰富的石油资源储量不仅为柴达木生态特区经济的快速增长提供了能源生产基础，也为中国社会经济的稳定发展提供了相应的石油资源保障。2019 年，柴达木生态特区石油开采量为 228 万吨，占地区石油资源可开采总量的6.62%。然而，随着现代勘探技术和开采技术水平的不断提高，石油资源的综合开发利用率亦得到不断提升，且在现代工业文明的发展过程中，通过寻找新的替代资源，可使原油资源的消耗大大减少，这为石油资源的可持续利用奠定了基础。

（三）天然气

柴达木生态特区是中国陆上四大天然气气区之一，目前，其天然气探明加控制的储量为 3663 亿立方米，丰富的天然气资源为中国“西气东输”工程的实施提供了良好的物质资源保障。2019 年，柴达木生态特区天然气的开采量为 64.0 亿立方米，占柴达木生态特区天然气探明加控制总量的1.75%。丰富的天然气储量不仅带动了柴达木生态特区经济的发展，也为中国清洁能源的生产与消费提供了物质保障。

（四）水电

柴达木生态特区水资源相对较为匮乏，地区内大小河流有 100 多条，湖泊 90 多个。虽然该地区日照强度大，水分日蒸发量大，地下水埋藏较深，不利于开采，但由于其地形多以高山为主，形成的地势水位落差较大，这为柴达木生态特区水力发电提供了一定的地理环境优势。因此，2019 年柴达木生态特区水力发电总量为 8.6468 亿千瓦·时，比 2018 年增加了8.93%，占柴达木生态特区总发电量的 8.7%。虽然柴达木生态特区水力发

---

① 《2019 年国内外油气行业发展报告》。

电量占地区总发电量的比重较低，但其也为柴达木生态特区经济的稳定发展提供了一定的能源保证。

（五）风能

柴达木生态特区风能资源较为丰富，其大部分地区属于风能可利用区。柴达木生态特区全年 8 级以上大风日数平均为 18~137 天，风的平均功率密度多在 50~100 瓦/米^2，风能可用时间为 3500~5000 小时，最大风速超过 30 米/秒的主要区域有 3 个，其最大风速为 35 米/秒，这为风能发电奠定了良好的基础条件。2019 年，柴达木生态特区建成 1950 兆瓦风力发电建设项目，满足了柴达木生态特区经济发展及中国对新能源的消费需求，为中国"西电东送"工程顺利实施提供了物质保障。

（六）太阳能

柴达木生态特区太阳能资源十分丰富，由于其海拔较高，年均太阳总辐射量为 7000 兆焦/米^2，太阳能发电理论装机容量为 28 亿千瓦·时，理论发电量达 51200 亿千瓦·时，占青海省理论装机发电量的 90% 以上。2019 年，柴达木生态特区光伏发电量为 47.15 亿千瓦·时，占柴达木生态特区总发电量的 47.5%，分别高于柴达木生态特区火力发电和水力发电的 35.5% 和 38.4%，成为柴达木生态特区供电的主力军。随着柴达木生态特区光伏产业和光热产业的发展，柴达木生态特区已成为中国光伏行业的领跑者，并将建成世界上最大的光伏产业基地。

由此可以看出，柴达木生态特区不仅化石性能源资源如煤炭、石油和天然气等的储量较为丰富，而且恒定性能源资源如太阳能、风能也相当丰富，这为柴达木生态特区能源产业的发展提供了丰富的物质资源，也为中国"西气东输""西电东送"工程的顺利实施提供了有力的能源资源保障。

四、柴达木生态特区能源开发利用的制约因素分析

为保证柴达木生态特区社会经济的可持续发展，本书采用因子分析法对柴达木生态特区能源开发利用的制约因素进行了分析。

（一）数据选取及其来源

本书选取了人均 GDP、城镇居民人均可支配收入、农牧民人均纯收入、固定资产投资、单位 GDP 能源消耗、科研投入经费、研究和发展成果、能源消费这八项指标①，根据历年《海西州统计年鉴》相关数据，对 2008～2019 年柴达木生态特区能源开发利用制约因素的影响因素数据进行了计算（见表 3-11）。

表 3-11　2008~2019 年柴达木生态特区能源开发利用的影响因素

年份	人均GDPx1	城镇居民人均可支配收入 x2	农牧民人均纯收入 x3	固定资产投资 x4	单位 GDP 能源消耗 x5	科研投入经费 x6	研究和发展成果 x7	能源消费x8
	元	元	元	万元	标准煤/万元	万元	项	万吨标准煤
2008	62583	13522	3725	1255266	1.5516	2581	20	456.00
2009	65850	15077	4544	1338826	1.5973	3165	21	466.05
2010	53555	16758	5434	1782296	2.3208	4216	26	476.67
2011	73259	19006	6574	2680599	1.6483	3343	25	594.71
2012	75795	21251	7916	4015923	1.8120	6020	29	681.91
2013	77812	23399	9183	5100691	1.7557	6549	32	734.28
2014	78616	25453	10294	5384188	1.9086	10161	44	755.29
2015	81616	25419	10582	5059560	2.3065	4477	45	954.90
2016	90960	27720	11539	5599665	2.1928	5932	49	1018.93
2017	100965	30233	12607	7001683	2.1119	8205	34	1095.80
2018	116002	32721	13882	763.89	1.9735	15523	45	1183.32
2019	128172	35219	15052	852.50	1.8188	6700	40	1211.55

资料来源：历年《海西州统计年鉴》。

（二）实证分析

本书运用 SPSS 17.0 对统计数据进行 KMO 和 Bartlett 球形检验，其结果

---

① 由于指标过多，样本数量过少，所以矩阵不是正定的，做不出来 KMO 和 Bartlett 检验，故通过测试，保留这几个指标。

如表3-12所示。

表 3-12　KMO 和 Bartlett 球形检验

KMO 检验统计量		0.583
Bartlett 球形检验	卡方检验值	129.026
	自由度	28
	显著性	0.000

由表 3-12 可以看出，样本充足性检验系数 KMO 的值为 0.583，大于 0.5 的经验值，Bartlett 球形检验值 Sig. <0.01，即可认为各变量之间存在显著相关的关系，适合进行因子分析。

由表 3-13 可知，各变量的共同度除 x6、x7 之外，均在 0.9 以上，说明变量中的大部分信息均能被选定因子所体现，所以此因子的提出是有效的。

表 3-13　共同度

	最初的	提取
x1	1.000	0.920
x2	1.000	0.991
x3	1.000	0.994
x4	1.000	0.979
x5	1.000	0.958
x6	1.000	0.743
x7	1.000	0.754
x8	1.000	0.962

注：提取方法为主成分分析法。

通过表 3-14 可知，第一个成分的初始特征值为 5.865，能解释的方差比例为 73.316%；第二个成分的初始特征值为 1.436，能解释的方差比例为 17.948%，其余六个成分的特征值都小于 1，说明这几个成分的解释力度还不如直接引入变量大。因此，本书在这八个变量中选取了两个主成分进行分析。

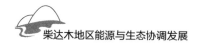

表 3-14　总方差解释

成分	初始特征值			总方差解的情况			转轴平方负荷量		
	总计	方差%	累计%	总计	方差%	累计%	总计	方差%	累计%
1	5.865	73.316	73.316	5.865	73.316	73.316	5.864	73.305	73.305
2	1.436	17.948	91.264	1.436	17.948	91.264	1.437	17.959	91.264
3	0.338	4.224	95.488						
4	0.308	3.852	99.340						
5	0.042	0.523	99.863						
6	0.009	0.107	99.970						
7	0.002	0.029	99.999						
8	0.00008996	0.001	100.000						

注：提取方法为主成分分析法。

在未使用旋转方法时，本书使用提取的两个因子对这 8 个变量进行解释，发现在第一个因子中 x3、x2、x4 这三个变量的影响度较高，分别为 0.994、0.993、0.989，第二个因子中 x5 和 x1 这两个变量的影响度较大，分别为 0.964、0.552（见表 3-15）。但这不能说明什么，只能在因子旋转后才能得出影响因素主要有哪些，因此，本书在此对这些因子进行旋转，其结果如表 3-16 所示。

表 3-15　成分矩阵

影响因素	成分	
	1	2
x1	0.784	0.552
x2	0.993	-0.068
x3	0.994	-0.073
x4	0.989	0.018
x5	-0.169	0.964
x6	0.807	0.303
x7	0.855	-0.153
x8	0.941	-0.277

注：此为载荷矩阵。

从使用旋转方法后两个因子对各变量解释的比例可以看出：在第一个因子影响下，对能源消费需求影响最大的是 x3 农牧民人均纯收入，第二是 x2 城镇居民人均可支配收入，第三是 x4 固定资产投资，这三个指标的影响程度分别为 0.993、0.992 和 0.989，本书在此把第一因子称为社会需求影响因子；在第二因子影响下，对柴达木生态特区能源消费影响最大的是 x5 单位 GDP 能源消耗这项指标，本书在此把第二因子称为能源消费影响因子。

表 3-16　旋转后成分矩阵

影响因素	成分	
	1	2
x1	0.792	0.541
x2	0.992	−0.082
x3	0.993	−0.087
x4	0.989	0.004
x5	−0.156	0.967
x6	0.811	0.291
x7	0.853	−0.165
x8	0.937	−0.290

注：此为旋转载荷矩阵。

由上述分析可知，柴达木生态特区能源资源开发利用应主要考虑消费需求及生产技术这两大因素。能源消费需求包括终端消费者消费需求和生产者消费需求，农牧民人均纯收入和城镇居民人均可支配收入影响着终端消费者的消费需求；固定资产投资的追加，会扩大企业对能源消耗的需求，因此柴达木生态特区能源资源的开发利用受消费者和生产者需求的影响较大。同时，单位 GDP 能源消耗也是影响柴达木生态特区能源开发利用的重要因素。随着柴达木地区经济的快速增长，人均收入水平的提高，对能源的消费需求也日趋增加。由于柴达木地区生产技术水平滞后，导致单位 GDP 的能耗由 2008 年的 1.5516 吨标准煤上升到 2019 年的 1.8188 吨标准煤，年均增长率为 1.45%，对柴达木地区生态环境的安全埋下隐患。因此，单位 GDP 的能源消耗也是影响柴达木生态特区能源资源开发利用的重要

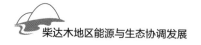
因素。

(三) 结论

综上所述,影响柴达木生态特区能源资源开发利用的因素主要有两个:一是需求因素。它受到农牧民人均纯收入、城镇居民人均可支配收入和固定资产投资的影响。根据马斯洛的需要层次论,当人们低一级的需求得到满足时,人们就会产生更高层次的需求,因此,随着柴达木生态特区农牧民及城镇居民收入水平的变化,人们的消费需求也会发生相应的变化,由以前的单纯追逐物质的需求转变为对高品质的生活享受的追求,因此生态环境的保护成为人们的关注点,对能源的消费需求也发生了变化。固定资产的投资对产业和行业部门的发展有着直接的影响。固定资产投资扩大,能够带来企业生产规模和生产能力的增强,企业对能源资源的需求和消耗也会不同程度地增加,这对能源产业的发展也有一定的影响。二是能源消耗因素。由于柴达木生态特区技术水平发展较为滞缓,能源资源利用率低,单位 GDP 能源消耗较高,造成对能源资源的消费需求增加,造成能源需求压力过大。不仅如此,能源消费需求的增加也会带来生态环境的污染,会给柴达木生态特区生态环境、能源资源的持续有效供给造成一定的压力和影响。为此,柴达木生态特区在生态文明建设的过程中,应从三个方面采取相应措施:首先,加快新能源产业建设的步伐,通过提高劳动者收入,改变劳动者的消费行为和消费理念,减少对传统能源的消费需求。其次,大力提高生产技术水平,本着"引进来,走出去"的原则,积极培养人才,以提高科研技术水平,提高生产效率,减少和降低对能源资源的需求和消耗。最后,加强思想宣传力度,唤醒民众的环保意识,提倡清洁能源消费,减少人们对能源的不合理消费行为,增强对能源资源的有效利用,从而为柴达木生态特区生态文明建设、能源资源合理开发利用提供有效保障。

第四章
柴达木生态特区能源开发利用
对经济增长及生态环境的影响

能源是一个国家（或地区）经济增长的重要命脉。柴达木生态特区作为中国西部能源资源储备基地，其能源资源的开发利用对地区经济增长的贡献显得尤为重要。为揭示柴达木生态特区能源开发利用对经济增长的贡献，本书首先借助 C-D 函数模型，对柴达木生态特区能源消费与经济增长的关系进行分析；其次，在希克斯中性技术进步的基础上计算能源消费对经济增长的贡献率。

一、柴达木生态特区能源消费对经济增长的贡献分析

（一）柴达木生态特区能源消费与经济增长之间的关系

1. 模型的建立

一个国家或地区在一定时期内，其经济的增长会受到多方面因素的影响。由于本书立足于研究能源消费对区域经济增长的影响，在考虑时间因素对变量平稳性的影响时，将能源作为影响经济发展的生产要素引入柯布—道格拉斯生产函数模型中，从而得出生产过程中能源作为生产要素的投入量与生产总值作为产出量之间的数量经济关系。本书构建的模型如下：

$$GDP_t = A \, K_t^{\alpha} L_t^{\beta} E_t^{\gamma} \qquad (4-1)$$

在式（4-1）中，假设代表技术进步的 A 为常数，同时，为了得到能源与经济之间的线性关系，本书在此对模型的等式两边采用取对数的方式进行了处理，以缓解异方差的影响。由此得到新的生产函数：

$$\ln GDP_t = \ln A_t + \alpha \ln K_t + \beta \ln L_t + \gamma \ln E_t + U_t \quad (4-2)$$

式（4-1）与式（4-2）中各变量的含义如下：GDP_t 代表考虑时间因素的社会生产总值；K_t 代表考虑时间因素的资本投入；L_t 代表考虑时间因素的劳动力投入；E_t 代表考虑时间因素的社会能源消费总量；α 代表资本对产出的弹性；β 代表劳动力对产出的弹性；γ 代表能源对产出的弹性；A_t 代表中性技术进步导致的生产率；U_t 代表随机误差项。

2. 变量选取及处理

（1）经济生产总值（GDP）。本书选用柴达木生态特区经济生产总值数据（按当年价格计算）作为被解释变量，记作 GDP_t（单位：亿元）。

（2）劳动力总投入（L）。本书选取柴达木生态特区全社会劳动力投入作为解释变量，用柴达木生态特区历年从业人员数据来表示，记作 L_t（单位：万人）。

（3）社会总资本投入（K）。在稳定的经济中，社会固定资产投资与社会总资本两者之间保持着稳定的比例关系，故本书选用柴达木生态特区历年固定资产投资总额来反映资本与经济之间的互动关系，记作 K_t（单位：亿元）。

（4）能源消费总量（E）。本书选取的能源消费总量是以历年柴达木生态特区全社会能源消费总量来表示，记作 E_t（单位：万吨标准煤）。根据统计年鉴统计方式，此处能源消费总量为全社会各行各业能源消费量的加总，这一指标能够很好地反映柴达木生态特区全社会生产生活所消费的能源总量，不用再区分考虑再生能源与非再生能源。

3. 计算

（1）变量之间相关性分析。在实证分析之前，本书首先通过 Eviews 统计分析考察了变量之间的相关性，输出结果如表4-1所示：

表4-1 lnGDP 和解释变量之间的相关系数

变量	LnGDP	lnK	lnL	lnE
lnGDP	1.000000			
lnK	0.960164	1.000000		
lnL	0.938819	0.987858	1.000000	
lnE	0.951483	0.988562	0.995370	1.000000

通过协方差分析，本书得出了 lnGDP 与 lnK、lnL、lnE 的相关系数，它们分别为 0.960164、0.938819、0.951483，其中 lnK、lnL、lnE 之间的相关系数均在 0.93 以上，这说明柴达木生态特区生产总值与社会能源消费量、固定资本投资与社会从业人数之间存在显著的正相关关系。

（2）进行变量间的平稳性检验。序列的平稳性是指一个序列的均值、方差等指标是否会随时间的推移而趋向于平稳。如果时间序列不平稳，说明回归模型不成立，存在伪回归现象，因此本书为避免非平稳性问题的出现，利用 Eviews7.2 分别对柴达木生态特区 GDP、固定资产投资、劳动力和能源消费总量进行了 ADF 检验，其结果如表 4-2 所示。

表 4-2　ADF 单位根检验结果

检验序列	检验形式	ADF 检验值	5%level	P 值	检验结果
y	（C、0、3）	−4.209334	−3.040391	0.0049	平稳
k	（C、0、3）	−4.313555	−3.052169	0.0043	平稳
l	（C、0、3）	−5.259683	−3.040391	0.0006	平稳
e	（C、0、3）	−4.55218	−3.052169	0.0027	平稳

由表 4-2 中的检验结果可知，y、k、l、e 四个变量的 ADF 检验值都小于在 5% 的显著水平下的临界值，表示它们通过了检验，即 y、k、l、e 的原序列都是平稳序列，可以进行回归分析。

（3）回归分析。本书利用 Eviews7.2 统计软件，对 y、k、l、e 序列进行了 OLS 回归分析，具体分析结果如表 4-3 所示。

表 4-3　回归分析结果

变量	系数	P 值	R^2
c	0.018619	0.0005	
k	0.067829	0.0013	0.960436
l	0.484012	0.0046	
e	0.790405	0.0007	

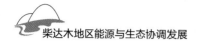

根据表4-3的回归结果可知，$R^2 = 0.960436$，且 P 值均小于 0.05，说明模型可以很好地对数据进行解释，得出回归方程 $y = 0.0186 + 0.0678k + 0.4840l + 0.7904e$。由此可得出：资本产出弹性 $\alpha = 0.0678$；劳动力产出弹性 $\beta = 0.4840$；能源消费产出弹性 $\gamma = 0.7904$。

（二）柴达木生态特区能源消费对经济增长的贡献分析

以上分析表明，将能源作为影响经济发展的生产要素引入柯布—道格拉斯生产函数模型中是可行的，由于技术进步水平在实际生活中并不是一成不变的，故本书在此采用希克斯中性技术进步进行设定，修正后的函数模型为（用 Y 表示 GDP）：

$$Y_t = A_0 e_t^{\lambda} K_t^{\alpha} L_t^{\beta} E_t^{\gamma} \tag{4-3}$$

对式（4-3）两边取对数，得到：

$$\ln Y_t = \ln A_0 + \lambda_t + \alpha \ln K_t + \beta \ln L_t + \gamma \ln E_t \tag{4-4}$$

对式（4-4）两边对 t 进行求导，得到：

$$\frac{1}{Y}\frac{dY}{dt} = \lambda + \frac{1}{K}\frac{dK}{dt} + \frac{1}{L}\frac{dL}{dt} + \frac{1}{E}\frac{dE}{dt} \tag{4-5}$$

令 $\frac{1}{Y}\frac{dY}{dt} = \frac{\Delta Y}{Y} = y$（生产总值的增长率）；$\frac{1}{K}\frac{dK}{dt} = \frac{\Delta K}{K} = k$（投资投入的增长率）；$\frac{1}{L}\frac{dL}{dt} = \frac{\Delta L}{L} = l$（劳动投入的增长率）；$\frac{1}{E}\frac{dE}{dt} = \frac{\Delta E}{E} = e$（能源消费的增长率）。

简化模型为：

$$y = \lambda + \alpha k + \beta l + \gamma e \tag{4-6}$$

通过计算可以得到 λ、α、l、γ 的值，从而得到：

$$\tilde{Y} = \lambda + \alpha k + \beta l + \gamma e \quad (\tilde{Y} \text{ 为 y 的理论值}) \tag{4-7}$$

式（4-7）两端同时除以 $\tilde{Y}$，得到：

$$1 = \frac{\lambda}{\tilde{Y}} + \frac{\alpha k}{\tilde{Y}} + \frac{\beta l}{\tilde{Y}} + \frac{\gamma e}{\tilde{Y}} \tag{4-8}$$

式中，$\frac{\lambda}{\tilde{Y}} = E_{\lambda}$ 为技术进步贡献率；$\frac{\alpha k}{\tilde{Y}} = E_k$ 为资本贡献率；$\frac{\beta l}{\tilde{Y}} = E_l$ 为劳动贡献率；$\frac{\gamma e}{\tilde{Y}} = E_e$ 为能源贡献率。

综上所述，最终得到：

$$1 = E_\lambda + E_k + E_l + E_e \qquad (4-9)$$

本书利用以上回归结果计算得出了柴达木生态特区生产要素贡献率，具体结果如表4-4所示：

表4-4 2008~2019年柴达木生态特区能源消费对经济增长的贡献率

年份	E_λ	E_k	E_l	E_e
2008	0.106	0.019	0.086	0.789
2009	0.140	0.034	0.235	0.591
2010	0.556	0.670	0.046	-0.272
2011	0.052	0.096	0.206	0.646
2012	0.092	0.167	0.175	0.567
2013	0.263	0.259	0.134	0.344
2014	0.162	0.033	0.286	0.519
2015	0.076	-0.017	0.092	0.849
2016	0.178	0.069	0.247	0.506
2017	0.145	0.132	0.258	0.465
2018	0.202	0.067	0.047	0.684
2019	0.260	0.110	0.367	0.263

由表4-4可知，2008~2019年，柴达木生态特区能源消费对经济增长的贡献率最大（除2010年和2019年之外），均高于科技、劳动力、资本对经济增长的贡献率。这说明柴达木生态特区经济增长对能源资源消费的依赖性较强。

二、柴达木生态特区能源开发利用对生态环境的影响

从柴达木生态特区能源消费结构可以看出，该地区能源消费以化石性能源为主，而化石性能源属于不可再生资源，其开发利用不仅会造成化石性能源资源的进一步稀缺与短缺，也会对生态环境造成一定的污染与破坏。本书在此通过对柴达木生态特区能源消费的碳排放进行分析，来反映柴达木生态特区能源消费对生态环境的影响。

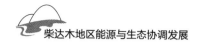

（一）CO_2 排放量的估算方法

学术界关于 CO_2 排放量的估算方法有很多，如生命周期理论、系统动力学模型、投入产出模型、MARKAL 模型及 RRM-AM 模型等。由于这些模型的估算方法相对比较复杂，对计算要求较高，因此本书采用 IPCC/OECD 推荐的方法，能较简单、直观地反映柴达木生态特区的碳排放状况。

首先，本书根据 IPCC 的方法估算出碳排放量，即

$$C' = \sum_{i=1}^{n} EQ_i \cdot EF_i \tag{4-10}$$

式中，C' 表示估算的碳排放量，EQ_i 表示第 i 种能源的消费量，EF_i 表示第 i 种能源消耗的碳排放系数，$i = 1, 2, \cdots, n$。其中，碳排放系数可以从表 4-5 中获取。

表 4-5　各种能源的碳排放系数

燃料类型	平均低位发热值		碳排放系数		碳氧化系数	折标准煤系数	
	数值	单位	数值	单位	数值	数值	单位
原煤	20934	kJ/kg	0.7559	kg-CO_2/kg	0.94	0.7143	kgce/kg
焦炭	28470	kJ/kg	0.8550	kg-CO_2/kg	0.93	0.9714	kgce/kg
原油	41868	kJ/kg	0.5857	kg-CO_2/kg	0.98	1.4286	kgce/kg
汽油	43124	kJ/kg	0.5538	kg-CO_2/kg	0.98	1.4714	kgce/kg
煤油	43124	kJ/kg	0.5714	kg-CO_2/kg	0.98	1.4714	kgce/kg
柴油	42705	kJ/kg	0.5921	kg-CO_2/kg	0.98	1.4571	kgce/kg
燃料油	41868	kJ/kg	0.6185	kg-CO_2/kg	0.98	1.4286	kgce/kg
天然气	35588	kJ/m^3	0.4483	kg-CO_2/m^3	0.98	1.2143	kgce/m^3
电力	1.229	t/万 kW·h	0.0000	kg-CO_2/kW·h	—	0.3270	kgce/kW·h
洗精煤	26377	kJ/kg	0.7559	kg-CO_2/kg	—	0.9000	kgce/kg

资料来源：《1986 年重点工业、交通运输企业能源统计报表制度》；基于 IPCC 的常用碳排放系数，环境经济学-经管之家，https://bbs.pinggu.org/thread-631499-1-1.html.

其次，在获得碳排放量的估算值后，本书将其转化为 CO_2 排放量，转化的计算公式为：

$$C = C' \times 44/12 \qquad (4-11)$$

式中，C 为最终估算的 CO_2 排放量（简称碳排放量）。

（二）计算结果及分析

本书在此依据柴达木生态特区 2008~2019 年全社会各能源消费量（见表 3-4），并采用式（4-10）、式（4-11），以及表 4-5 中的碳排放系数对柴达木生态特区各种能源消费的碳排放进行了测算，得出了柴达木生态特区 2008~2019 年各年度碳排放总量。其具体计算结果如表 4-6 所示。

表 4-6　2008~2019 年柴达木生态特区全社会能源消耗碳排放量

年份	原煤（吨）	洗精煤（吨）	焦炭（吨）	天然气（吨）	原油（吨）	汽油（吨）	柴油（吨）	电（吨）	总碳排放量（吨）	人均碳排放量（吨）
2008	1311783	—	81061.39	75770.23	913626.6	35283.5	276683.6	0	2694208	7.07
2009	2351976	—	47424.23	87195.05	686370.5	39031.86	325083.8	0	3537081	9.17
2010	2308727	48438.07	5564.66	73237.37	1070848	43106.16	340440.7	0	3890362	9.96
2011	3939992	94835.21	31643.84	115811	1307392	45224.8	359852.6	0	5894751	14.89
2012	4344784	312874.6	87705.76	145289.2	1216942	46365.61	365374.2	0	6519335	16.17
2013	4374373	266885.6	181142.3	135642.7	1223217	42046.84	353899.6	0	6577207	16.11
2014	3972118	190078.6	325491.4	117858.8	1199370	56877.32	359334.9	0	6221129	15.08
2015	2751099	—	335956.3	124810.7	1296347	58670.02	290573.8	0	4857457	12.08
2016	3885512	329610.2	349577.2	142433	1250495	66085.25	305930.8	0	6329643	15.66
2017	4299915	552751.9	367849.3	143510.8	1277437	88493.94	251146.2	0	6981104	17.21
2018	5055614	871749.2	368015.4	142702.4	1192425	92731.22	256322.7	0	7979561	19.71
2019	4417136	498327.1	360623.5	167761.5	1288900	89227.31	269091.4	0	7091067	17.56

注：因个别年份资料缺失，无法计算出各能源的碳排放量，因此用"—"替代。

1. 从总量上看

由表 4-6 可以看出，随着社会经济的发展，柴达木生态特区能源消费量也呈不断上升趋势，能源消费造成的碳排放量由 2008 年的 2694208 吨上升到 2019 年的 7091067 吨，年均增长率为 9%。碳排放量的增加，对大气环境造成了较大的污染与破坏，温室效应加剧，使柴达木生态特区的年均气

温由 2008 年的 2.9℃上升到 2019 年的 4.2℃，11 年间上升了 1.3℃。由于气温的上升，致使柴达木生态特区永冻土开始融解，冰川融化，雪线上升，淡水资源流失速度进一步加快，这些都不利于柴达木生态特区淡水资源的开发利用与保护以及经济的稳定发展。

2. 从能源消费类型的碳排放量上看

由图 4-1 可知，在柴达木生态特区碳排放总量中，位居第一的是原煤。2019 年，柴达木生态特区原煤消费形成的碳排放量为 4417136 吨，占柴达木生态特区能源总碳排放量的 62.29%，与 2008 年柴达木生态特区原煤的碳排放量相比，增加了 3105353 吨，原煤的碳排放量年均增长率为 11.67%。碳排放量位居第二的是原油，柴达木生态特区原油的碳排放量由 2008 年的 913626.60 吨上升到 2019 年的 1288900 吨，年均增长率为 3.18%，占柴达木生态特区能源总碳排放量的 18.18%。碳排放量位居第三的是洗精煤，柴达木生态特区洗精煤的碳排放量由 2010 年的 48438.07 吨上升到 2019 年的 498327.1 吨，年均增长率为 29.56%，占地区能源总碳排放量的 7.03%。由此可以看出，柴达木生态特区原煤、原油和洗精煤的碳排放量占柴达木生态特区能源总碳排放量的 87.5%，是该地区碳排放形成的主力军。其他能源消耗如天然气、焦炭、汽油、柴油和电力等释放出的碳排放量相对较少，仅占柴达木生态特区碳排放总量的 12.5%。其中，2019 年，柴达木生态特区天然气的碳排放量为 167761.5 吨，比 2008 年的 75770.23 吨，增加了 91991.27 吨，年均增长率为 7.49%，占柴达木生态特区能源碳排放总量的 2.37%；焦炭的碳排放量由 2008 年的 81061.39 吨上升到 2019 年的 360623.5 吨，年均增长率为 14.5%；汽油的碳排放量由 2008 年的 35283.5 吨上升到 2019 年的 89227.31 吨，年均增长率为 8.80%；柴油的碳排放量由 2008 年的 276683.6 吨下降至 2019 年的 269091.4 吨，年均下降率为 0.25%。虽然柴达木生态特区天然气、焦炭、汽油的碳排放量占地区碳排放总量的比重较低，但其碳排放的数量却呈逐年上升趋势，对柴达木生态特区碳排放总量的增长具有一定的助推作用。

3. 从人均碳排放量上看

柴达木生态特区人均碳排放量呈上升趋势，人均碳排放量由 2008 年的 7.07 吨上升到 2019 年的 17.56 吨，年均增长率为 9%，与全国人均碳排放

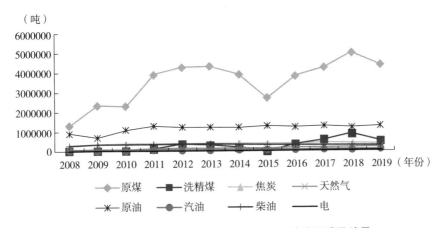

图 4-1　2008~2019 年柴达木生态特区各种能源碳排放量

量相比较低。虽然柴达木生态特区人均碳排放量在 2014 年和 2015 年有所下降，分别比上一年下降了 6.4% 和 19.9%，但人均碳排放量总体呈上升趋势。这主要是因为，2014~2015 年，柴达木生态特区对产业结构和能源生产结构进行了一系列的调整，而且随着循环经济的进一步发展，柴达木生态特区能源的碳排放量呈现出短暂的下降趋势，但由于技术水平滞后，经济的快速增长使能源消耗进一步增加，导致碳排放量在总体上仍呈不断上升趋势。

（三）结论

综上所述，随着柴达木生态特区对能源资源的开发利用，造成地区生态环境污染严重，碳排放量呈不断上升趋势。2008~2019 年，柴达木生态特区能源碳排放量年均增长率为 9%。其中，原油、洗精煤和原煤的碳排放量对柴达木生态特区能源碳排放总量的形成"贡献"巨大，2019 年，柴达木生态特区原油、洗精煤、原煤的碳排放量占柴达木生态特区能源碳排放总量的 87.5%。虽然电力、焦炭、柴油、汽油等的碳排放量较少，仅占柴达木生态特区能源碳排放总量的 12.5%，但这些能源碳排放量的增长速度较快，对柴达木生态特区碳排放总量的形成具有一定的推动作用。随着柴达木生态特区能源消费需求的增加，2019 年，柴达木生态特区人均碳排放量

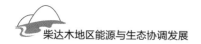

为 17.56 吨, 比 2008 年增长了 1.5 倍。由此可以看出, 随着柴达木生态特区经济的快速增长, 带来了能源消耗需求的增加, 导致人均碳排放量进一步提升, 这对柴达木生态特区大气环境造成了一定的污染与破坏。目前, 最明显的就是温室效应的产生。2008~2019 年, 柴达木生态特区的年均气温上升了 1.3℃。由于年均气温的上升, 柴达木生态特区永冻土开始融解, 雪线上升, 降水量增加, 造成柴达木生态特区气候变化较大, 淡水资源流失速度加快, 不利于"三江源"淡水资源的保护, 并对地区生态环境造成了一定影响。因此, 柴达木生态特区在实现经济快速增长的过程中, 应注重对能源消费结构的调整, 通过提高生产技术水平, 实现减排降耗; 同时应大力开发恒定性、清洁型能源资源, 以保证能源资源的有效供给, 实现生态环境的合理保护与开发利用, 促进人与自然生态环境的和谐发展。

三、柴达木生态特区能源可持续开发利用的保障措施

(一) 柴达木生态特区能源开发利用的思路

能源是一个国家或地区社会经济发展的重要命脉, 人类的生产、生活都离不开能源资源。然而地球上一切资源都是有限的, 如何用有限的资源满足人类无限的需求, 已成为当前社会经济发展所面临的重要挑战。中国既是一个能源生产大国, 也是一个能源消费大国, 传统能源资源, 尤其是石油资源对外的依存度较高, 已接近 70%[①], 而石油资源属于战略性储备资源, 其不仅关乎到一国或地区经济发展的命脉, 也会影响到一个国家的国防安全。因此, 世界各国均会对石油资源进行一定的储备, 尤其是发达国家对石油资源的储备更甚。中国煤炭资源储量较为丰富, 随着中国社会经济的发展, 煤炭资源开采量不断增加, 导致煤炭资源的稀缺度也在逐步上升。加之煤炭资源在分布上存在明显的地域性特点, 导致煤炭资源在局部地区出现了供应短缺现象, 这对地区经济发展形成一定的制约。另外, 由于煤炭资源在燃烧的过程中, 会释放出大量的粉尘颗粒物、一氧化碳和

---

① 张一鸣. 我国石油对外依存度将超过七成 [N]. 中国经济时报, 2019-01-25 (A01).

二氧化硫等物质，这会给大气生态环境造成较大的污染与影响。例如，全球升温、酸雨等自然灾害现象的出现，均与化石性能源资源如煤炭、石油等的消费有很大关系。天然气虽属于清洁能源，但由于其属于不可再生资源，因此天然气的存量会随着人类对它的开采、开发利用，而逐渐出现资源供给短缺的现象。目前，中国天然气对外依存度达45.3%[①]。天然气的稀缺会对中国社会经济的发展带来一定影响。水能虽然也属于清洁能源，但其对生态环境的影响与破坏也较大，容易造成较为严重的水土流失现象，且容易形成地域性小气候，从而影响局部区域的生态环境。因此，美国对一些小型水电站实行炸坝行为，以保护生态环境。为突破能源资源的瓶颈制约，减少对生态环境的污染和破坏，世界各国纷纷走上了探索新能源产业转型的发展之路。用恒定性能源资源取代传统能源，这既能解决资源的有限性带来的制约，同时也能更好地解决传统能源开发利用所带来的环境污染问题。中国也应采取相应措施加大对传统能源的勘探力度，积极开发风能、太阳能、生物质能及潮汐能等清洁型新能源，以保障中国的能源安全。

柴达木生态特区作为中国西部资源储备的基地之一，拥有丰富的矿产资源和能源资源，素有"聚宝盆"之美誉。在中国经济由高速增长阶段转向高质量发展阶段，柴达木生态特区如何充分利用资源优势，寻找发展机遇，为中国中部、东部地区经济的稳定发展提供充足的能源资源保障，是柴达木生态特区在经济发展和生态文明建设的过程中应当深入思考的一个重要问题。本书通过对柴达木生态特区能源开发利用对地区经济增长的贡献及能源开发所形成的碳排放量进行分析，并结合中国对柴达木生态特区社会经济发展的战略要求，认为柴达木生态特区在能源开发利用的过程中，应当坚持以下几项原则：坚持科学发展观，进行统筹规划，促进经济、生态协调发展；因地制宜，适度开发；坚持生态效益、经济效益和社会效益相结合，促进地区可持续发展。为此，本书在此提出柴达木生态特区能源资源开发利用的几点思路：

第一，以习近平新时代中国特色社会主义思想为指导，全面贯彻党的

---

① 张一鸣. 我国石油对外依存度将超过七成 [N]. 中国经济时报, 2019-01-25 (A01).

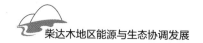

十九大和十九届二中、三中、四中会议精神，牢固树立科学发展观，以供给侧结构性改革为主线，以市场需求为导向，调整能源发展战略。"绿水青山就是金山银山"，这是习近平在安吉县天荒坪镇余村考察时首次提出的，他在海南考察时曾强调："良好生态环境是最公平的公共产品，是最普惠的民生福祉。"柴达木生态特区在能源的开发利用过程中应积极响应党的号召，在以供给侧结构性改革为主线的前提下，注重市场需求，对柴达木生态特区能源生产结构进行调整，大力发展清洁型能源，为柴达木生态特区实现能源、经济、生态环境的共赢打下基础。

柴达木生态特区地处青藏高原，生态环境较为脆弱，生态自我修复能力较差，因此在能源开发利用的过程中，更应注重生态环境的保护。从柴达木生态特区能源消费种类结构看，柴达木生态特区化石性能源消费居主导地位。随着柴达木生态特区经济建设对能源消费需求的增加，柴达木生态特区化石性燃料用地的生态平衡处于严重赤字水平。2019 年，柴达木生态特区化石燃料用地生态赤字为 13.9050hm²/人，比 2008 年增长了 1.3 倍，人均碳排放量由 2008 年的 7.07 吨上升到 2019 年的 17.56 吨，年均增长率为 9%，这对柴达木生态特区生态环境带来了较大的影响。因此，柴达木生态特区应加强能源生产规划，合理布局，调整能源消费结构，促进清洁型能源产业的发展，在保证地区经济稳定增长的同时，最大限度地保护生态环境，以确保柴达木生态特区社会经济的可持续发展。

第二，合理规划、因地制宜地适度开采能源资源。柴达木生态特区石油、天然气、风能、太阳能等资源较为丰富。截至 2019 年底，柴达木生态特区石油探明储量为 6.8 亿吨；天然气地质储量为 3700 亿立方米；基于中国中部、东部地区对石油、天然气的需求及柴达木生态特区自身经济发展的客观需求，原油的产量由 2008 年的 220.0 万吨上升到 2019 年的 228 万吨，年均增长率为 0.33%；天然气的产量由 2008 年的 43.65 亿立方米上升到 2019 年的 64 亿立方米，年均增长率为 3.54%。柴达木生态特区目前已成为中国石油和天然气的后备储备基地之一。虽然柴达木生态特区石油、天然气资源储备比较丰富，但由于它们属于不可再生资源，石油和天然气的存量会随着人类开采、开发利用量的增加而逐渐减少。因此，在石油、天然气的开发利用过程中，柴达木生态特区应进行合理规划，实施有计划、有步骤的开采，在保证地区经济发展的同时，实现资源的可持续利用。风能和太阳能属于可再生资源。柴达木生态特区地处青藏高原，平均海拔在3000米以上，是中国太阳能最丰富的地区，太阳能常年辐射量达6800兆焦/米^2，风力全年8级以上大风日数平均为18～137天，风的平均功率密度在50～100瓦/米^2，这为柴达木生态特区太阳能、风能产业的发展提供了良好的资源基础条件。预计2030年柴达木生态特区光伏发电装机容量达1700万千瓦·时，太阳能光热发电装机容量达2000万千瓦·时，清洁能源发电量到2030年占柴达木生态特区全社会发电总量的90%以上，建成国家清洁能源示范基地。近年来，由于国家电网接纳能力有限，每年"弃光电"量达25%左右，给太阳能生产企业造成了一定的经济损失和压力。因此，在开发太阳能、风能产业的过程中，应本着因地制宜、循序渐进的原则，在保证国家用电安全的同时，积极拓展供电渠道，实现青海省清洁能源供给的全覆盖。这样不仅能够解决柴达木生态特区光电的弃电问题，还能最大程度地发挥风能、太阳能的经济产出效益，实现地区经济的稳定增长；同时，还能减少和降低青海省传统能源的消耗与需求，保护生态环境，实现生态、能源、经济发展的共赢。

第三，以新技术、新产业、新业态、新模式为核心，大力发展低碳经济。低碳经济已成为当前社会经济发展的主流。柴达木生态特区由于经济基础薄弱，生产技术水平滞后，导致能源消耗较高，能源利用率较低。近年来，柴达木生态特区通过招商引资，在引进大量资金投入的过程中，引进新技术、新设备，积极推行与传统能源产业不同的新能源产业发展模式，积极发展光伏、太阳能、风能产业，使柴达木生态特区的能源生产结构逐步由过去的以化石性能源生产为主的传统模式，逐步过渡到以可再生清洁能源生产为主的新能源生产结构模式。大力发展清洁型新能源产业，已成为柴达木生态特区能源产业发展的主流。

第四，强化技术创新，完善体制机制。技术创新是一个国家或地区实现经济增长的动力源泉。柴达木生态特区在能源开发利用的过程中，生产技术水平落后，能源资源综合利用率低，造成生态环境的破坏与污染现象较为严重。例如，木里煤矿开采技术采用原始的、传统的、粗放的方式，这不仅造成周边地区环境污染较为严重，在方圆1千米以内，大气中含有的

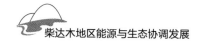

粉尘颗粒物较多，对人们的身心健康带来较大隐患，而且导致该地区碳排放量增加，局部地区升温，对大气环境变暖具有一定的促进作用。因此，强化技术创新，提高资源利用率，减少环境污染，乃是当务之急。

为保证柴达木生态特区能源产业健康、稳定地发展，本书在此提出以下两个方面的对策和措施：在国家层面上，应进一步推动电力行业的市场化改革，引入竞争机制，增强市场的活跃程度，提高资源利用率，实现资源优化配置。柴达木生态特区在能源开发利用的过程中，太阳能和风能受国家电网管控的力度较大，在高峰期，电力输送会受到一定的限制，目前已有25%的限电率，给新能源产业的发展带来了一定的制约。为此，中国应推动电力行业的市场化改革，引入竞争机制，这既能增强市场的活跃度，为新能源企业提供更广阔的市场空间，也能提高资源利用效率，实现资源优化配置。因此，中国应加大政府宏观调控力度，逐步放开市场，引入竞争机制，进行资源的合理调配，实现产出效益的最大化。

在地区层面上，应加快市场监管机制建设，建立公平、开放、有序、健康发展的市场体系。为实现资源的高效利用，柴达木生态特区还应提高市场准入制度，对一些生产技术水平低、资源利用效率低的生产企业实行整改、关停政策，以强化市场监管机制，规范市场行为，保证能源资源的可持续利用。

第五，积极推动新能源产业多元化、规模化、高质量发展，打造一批国内领先、具有一定国际影响力的新能源产业集聚区。为彰显能源资源的优势，将资源优势转化为经济优势，柴达木生态特区在大力发展光伏产业的同时，应积极发展风能，提高天然气、石油的勘探与开发利用率，实现能源产业的多元化发展，以满足国家和地区经济建设对能源资源的需求。为提高市场竞争力，柴达木生态特区应通过能源产业规模化、集约化发展，提高资源利用效率和产出水平，并逐步将柴达木生态特区新能源产业打造成国内一流先进水平且具有一定国际影响力的行业。

（二）柴达木生态特区能源开发利用的路径选择

柴达木生态特区能源资源不仅储量丰富，而且种类也较多。目前，柴达木生态特区能源资源类型主要有：石油、天然气、煤炭、水电、光伏、风能发电等。为满足地区经济建设需要及国家能源安全战略需要，本书认为，柴达木生态特区能源资源开发利用应以太阳能、风能发电为主，大力发展新能源产业，积极开采石油、天然气等化石性能源资源，提高煤化工产业的发展能力，适度推行水能资源的深层次化、多元化开发利用模式，具体措施如下：

1. 化石性能源资源以油、气为主，煤炭为辅，提高煤化工产业的发展能力

能源是一个国家或地区实现经济增长的动力源泉。柴达木生态特区具有得天独厚的自然地理环境条件，其能源资源储量相对较为丰富。为保证柴达木生态特区经济的稳定发展，柴达木生态特区对能源资源进行了大规模的开发、利用。从柴达木生态特区能源需求的角度看，柴达木生态特区能源消费以化石性能源消费为主。其中，工业消费居主导地位。由于化石性能源资源具有不可再生性的特点，其存量会随着人类开采、开发利用规模的不断扩大而逐渐减少，甚至会出现局部性短缺现象，从而影响国家和地区经济的稳定发展。不仅如此，化石性能源资源对生态环境造成的污染与破坏现象也较为严重。2019 年，柴达木生态特区能源消费造成的人均碳排放量为 17.56 吨，比 2008 年增长了近 1.5 倍。虽然 2019 年柴达木生态特区二氧化硫的排放量与烟尘的排放量均比 2018 年有所下降，但对地区生态环境仍造成了一定的污染与破坏，使 2019 年柴达木生态特区化石性燃料用地的生态赤字达到 $13.91hm^2/$人，这是形成柴达木生态特区生态赤字的主动力，柴达木生态特区生态安全处于很不安全状态。因此，对柴达木生态特区化石性能源资源的开采、开发利用应坚持科学、合理、适度的原则。

在石油开发利用方面：由于柴达木生态特区专业技术人才比较匮乏，生产技术水平比较落后，导致石油资源的综合生产加工能力在国内处于相对较低的水平状态，石油资源深加工能力较弱，这不仅造成柴达木生态特区石油资源的浪费，而且造成产出效益也相对较为低下。为提高柴达木生态特区石油资源的经济产出效益，本书认为，柴达木生态特区应进一步完善人才引进机制，通过招商引资，引入大量资金和先进的生产设备及技术，延长石油生产加工产业链，即由单一的原油开采粗加工转变为原油开采—炼油加工（包括生产汽油、柴油、润滑油、燃料油、芳烃等）—石油副产

品化工生产，实现合成胶、塑料、各种用途的润滑油、化学配料、腈纶、涤纶、聚丙烯等多层次、多维度的石油产品生产和加工一体化发展，这不仅会产生巨大的经济效益，减少废弃物的排放，减少生态环境污染，而且也能解决当地的劳动就业问题，对提高劳动者收入、增加地方政府财政收入、解决"三江源"生态移民就业安置问题都具有积极意义。

在天然气开采方面：柴达木生态特区天然气蕴藏量较为丰富，现已成为柴达木生态特区能源产业的第二大产业，其探明加控制的储藏量为3663亿立方米，是中国陆上四大天然气产区之一，开发潜力较大。为满足地区经济发展的需要，同时也满足中国"西气东输"发展战略的需求，柴达木生态特区加大了对天然气的开采力度，柴达木生态特区天然气的生产加工已位居全国第一，成为中国天然气行业的领跑者。

在煤炭开发利用方面：由于受到柴达木生态特区生产技术水平的制约与限制，柴达木生态特区煤炭资源的开发利用较为粗放，精加工产品较少，煤炭产业链较短，形成的产品附加值较低。加之粗放的管理模式，造成大气中二氧化硫、一氧化碳等气体排放量增加，粉尘颗粒物排放也随之上升，给周边地区造成了一定的生态环境污染与破坏。因此，柴达木生态特区在煤炭产业发展上，应淘汰产能落后的企业，引进精细加工生产企业，提高资源利用效率，在煤炭产业链上通过实施纵向一体化，从垂直、水平、混合三个层面展开，实现资源高效利用。垂直合并是指煤炭产业链上游或下游的企业合并组建成为新的企业。例如，为实现煤炭资源利用效率最大化，可采取以下几种模式：煤炭—电力—市场；煤炭—洗选—焦化—焦炭、焦油、煤气—市场；煤炭—气化—化工—市场；煤炭—液化—化工—市场。水平整合就是以煤炭生产的副产品及其伴生资源为物质基础，形成多种产品生产，从而最大限度地进行资源综合利用，减少废弃物的排放。例如，可采取以下几种模式：煤矸石、煤泥—热电—市场；煤矸石、粉煤灰—建材—市场；矿井水—净化—市场；高岭土—化工—市场；瓦斯—发电—市场。混合整合是指从事不相关业务类型经营的企业间的整合，这种整合可以分为三种类型：产品扩张型、市场扩张型和纯粹混合型。可以通过这三种类型的混合整合，进行不同部门的耦合，构建生态工业网，形成多元化的发展格局，实现产业集群升级的效果。例如，可以采取以下几种模式：

煤炭—铁路—港口—市场；机械—煤炭、设计—勘探—矿建—煤炭、塌陷区—养殖、旅游—市场。

2. 水能资源适度开采

柴达木生态特区水资源蕴藏量比青海省内其他地区较少，属于干旱、半干旱地区。由于常年受太阳辐射较大，水蒸发量较高，柴达木生态特区大部分地区属于荒滩、沙漠，导致水能资源开发有限。2019 年，柴达木生态特区水能发电量仅为 86468 万千瓦·时，占地区总发电量的 8.71%。由于水力发电对生态环境造成的生态需求压力较大，使土地盐碱化、沙漠化现象较为严重，因此本书认为，柴达木生态特区应适度开采水能资源。

3. 积极拓展恒定性能源资源的开发

所谓恒定资源是指取之不尽、用之不竭的资源。这类资源由于具有数量丰富、性质稳定、无污染的特点，因此，目前备受世界各国关注，成为具有巨大开发潜力的自然资源。例如，风能、太阳能、氧气等资源，均属于恒定性资源。柴达木生态特区在能源资源利用上，应加强对风能、太阳能的开发利用，以清洁型能源替代传统化石性能源，在保证能源资源有效供给的同时，促进生态环境的合理保护。

对太阳能的开发：柴达木生态特区地处青藏高原，平均海拔在 3000 米以上，太阳年均日照时数为 3500 小时以上，太阳总辐射量为 7000 兆焦/米^2，是全国第二高值区。这为柴达木生态特区光伏产业的发展奠定了基础。随着"西部大开发"政策的落实，柴达木生态特区加快了经济建设的步伐，充分发挥光伏产业领跑者的作用，目前已建成 500 兆焦光热发电设备。2019年，其光伏发电量达 47.15 亿千瓦·时，占柴达木生态特区总发电量的47.5%，处于绝对优势地位。为实现清洁能源的有效供给，柴达木生态特区加大了对新能源产业的投入力度，预计 2030 年柴达木生态特区光伏发电量占全区总发电量的 90% 以上，实现清洁能源生产。柴达木生态特区光伏产业的发展不仅有效保证了国家的用电安全，而且满足了柴达木生态特区经济建设的需要，对柴达木生态特区生态环境保护也起到了积极的促进作用。

对风能的开发：风能也是柴达木生态特区具有特色优势的能源资源之一。柴达木生态特区全年 8 级以上大风平均日数为 18~137 天，每月大风日数为 10~15 天，全年平均风的功率密度为 50~100 瓦/米^2，全年可利用的时

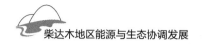
间为 3500~5000 小时，且年均风速在 3 米/秒以上，是中国风能富集区。为充分利用现有资源，实现清洁能源生产，柴达木生态特区应加快 1950 兆瓦风电项目建设，在满足国家和地区经济建设需要的同时，实现清洁能源生产。

由此可见，随着柴达木生态特区风能、太阳能产业的发展，其逐步取代火电和水电在社会经济发展中的地位，这为加强柴达木生态特区生态环境保护，提高生态环境承载力，实现柴达木生态特区人与自然的和谐发展奠定了基础。

综上所述，柴达木生态特区在能源资源开发利用的过程中，应大力发展风能、太阳能产业，并以其为能源主导产业，加强石油和天然气的开发利用深度与广度，适度发展水电行业，通过资源组合，扩大其生产规模，延长煤炭产品生产加工链，使煤炭生产加工业向规模化、集约化生产模式的方向发展。

（三）柴达木生态特区能源开发利用的保障措施

1. 进一步调整产业结构，合理构建能源消费模式

从柴达木生态特区能源消费结构可以看出，柴达木生态特区第二产业生产对能源的消费需求较高，占柴达木生态特区总能源消费量的 85.3%，居主导地位，第一产业和第三产业能源消费需求相对较少，分别占柴达木生态特区总能耗的 0.3% 和 14.4%。随着柴达木生态特区经济的快速增长，柴达木生态特区能源消费总量呈不断上升趋势，由 2008 年的 423.76 万吨标准煤上升到 2019 年的 1023.04 万吨标准煤，年均增长率为 8.34%。能源消费需求的增加造成柴达木生态特区碳排放量也呈不断上升趋势，碳排放量由 2008 年的 2694208 吨上升到 2019 年的 7091067 吨，年均增长率为 9%，从而对柴达木生态特区大气环境形成了一定的生态需求压力。同时，随着柴达木生态特区能源消费需求的增加，其化石性燃料用地的需求也随之上升，造成化石性燃料用地的生态足迹上升，生态平衡进一步趋于赤字化。2019 年，柴达木生态特区化石燃料用地的生态赤字达 13.9050hm²/人，由于赤字水平相对较高，使得柴达木生态特区总生态平衡处于赤字状态，生态安全处于很不安全状态。为实现柴达木生态特区能源资源与生态环境的可

持续发展，本书认为，柴达木生态特区应采取如下措施：首先，进一步调整产业结构，对能耗高、产值低、污染大的企业应加大惩处力度，并严格实施关停、整改等措施，在减少能源消费量的同时，减少和降低对生态环境的污染与破坏，以期达到对柴达木生态特区能源资源的合理开发利用。其次，加大宣传教育，进一步调整能源消费结构。为加快清洁能源的生产，以减少和降低对生态环境的污染与破坏，柴达木生态特区应加大对社会公众的思想宣传教育，提高社会公众的环保意识，转变公众的消费行为和消费模式，使人们对能源的消费需求由化石性能源消费需求逐步转向清洁型和新型能源消费需求，改变能源消费结构，为柴达木生态特区生态文明建设提供有力支撑。

2. 加大科研投入力度，提高资源利用效率

随着现代工业文明的发展，科研技术开发对社会经济增长的贡献越来越大。柴达木生态特区在生态文明建设的道路上，要实现人与自然的和谐发展，必须尊重自然生态系统内部的客观规律，通过对大自然生态系统内部的物质流、能量流、信息流、价值流等的认知和了解，合理运用自然资源，为人类创造更多的物质财富和价值。因此，柴达木生态特区应加大科研技术投入力度，提高科技研发能力和创新能力，提高资源综合开发利用能力，通过构建合理的产品生产加工链，对生产过程中形成的副产品及"废弃物"进行循环再利用，以缓解资源有限性与人类需求无限性之间的矛盾，最大限度地满足人类对资源的开发利用，达到减排、降耗的目的，努力践行"绿水青山就是金山银山"的生态发展理念。

3. 加强制度体系建设，建立健全市场机制

市场是进行商品交易的场所，其通过价格对市场资源进行调配，从而实现资源的优化配置。柴达木生态特区在生态文明建设的过程中，要想对资源实行优化配置，必须借助市场价格机制进行资源优化配置。因此，完善市场体系就显得尤为重要。柴达木生态特区不仅要建立起资源产品交易市场，构建产权交易和排污权交易，还应加强市场监管机制等，通过市场交易监管，规范交易行为，进一步完善市场制度体系建设。同时，柴达木生态特区还要加强对生产企业和消费者行为的约束和管理，引导企业合理地组织与实施生产活动，从而为合理开发能源资源、实施生态环境保护提

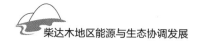

供有效机制保障。

4. 加大政府扶持力度，积极拓宽融资渠道

能源资源能够为地区经济的稳定、健康发展提供物质保障。随着柴达木生态特区社会经济的发展，其对能源资源的消费需求呈逐年上升趋势，这对化石性燃料用地生态足迹的进一步扩大产生极大的推动作用，同时也对不可再生性能源资源形成了一定的需求压力。为提高能源资源利用效率，保障能源资源的有效供给，柴达木生态特区应大力推进能源产业发展，提高能源资源利用效率，延长能源资源产品生产加工链，提高能源资源综合开发利用技术水平，以获取能源资源产出效益的最大化。同时，柴达木生态特区还应提高企业用能效率，以减少对能源产品的消费需求。为此，柴达木生态特区应积极采取相应措施：首先，加强政府对能源产业的扶持力度，除在政策上给予一定的优惠外，还可以通过财税政策，对生产企业给予一定的补贴或生态补偿。其次，提供更多的融资渠道，如建立专项基金，对清洁型能源产业进行专项基金扶持，通过拓宽金融产品种类，为企业提供更多的金融产品服务便利，以保证企业对金融资本的需求。再次，加大民间资本融入力度，实现多渠道融资，解决企业融资问题。最后，采取技术、设备等参股、入股的形式拓宽融资渠道。

综上所述，为保证柴达木生态特区能源资源的可持续发展，柴达木生态特区应在以下几个方面采取相应措施：第一，进一步调整产业结构，转变能源消费模式，由化石性能源消费逐步向清洁型新型能源消费转变，以减少和降低对生态环境的污染与破坏。第二，加大科研投入力度，提高资源的利用效率。第三，积极引进优秀人才，为企业实行技术创新提供人才保证。第四，加强制度体系建设，为市场合理调配资源提供保障。第五，进一步完善市场机制，运用市场价格机制调配资源，实现资源的有效供给。第六，加大政府扶持力度，积极拓展融资渠道，为企业的技术创新提供有力的支持。

第五章
柴达木生态特区生态环境与经济发展的协调性分析

人类的生存与发展在很大程度上受自然生态环境的制约与影响，同时人类生产活动也影响着生态环境。近几十年来，随着世界人口的持续增长，导致自然生态环境的有限性与人类需求的无限性之间的矛盾日益加深，自然生态环境对人类生产活动的制约作用也日趋严重。为解决人类社会发展与自然生态环境的矛盾问题，1992 年，Willian Rees 教授首次提出了生态足迹理论，之后他和他的博士生 Waekernagel 对这一概念进行了不断的完善，又提出了生态足迹理论的计算模型和计算方法。由于此方法科学基础理论比较完善，指标体系简洁统一，具有普遍性和适用性，最终成为理论学界常用的生态足迹模型。因此，本书在此运用生态足迹模型试图揭示出柴达木生态特区的生态安全状况，以期为柴达木生态特区生态环境的可持续发展提供理论参考。

一、柴达木生态特区生态足迹分析

（一）生态足迹模型的计量方法与步骤

生态足迹的计算基于以下四个基本假定：①人类可以确定自身消费的绝大多数资源及其产生的废弃物数量；②这些资源和废弃物能转换成相应的生物生产面积；③各类土地在空间上相互排斥；④不同类型的土地可以转化为全球的均衡面积。

1. 生态足迹
生态足迹也称"生态占用"，是指要维持一个国家、地区、个人的生存

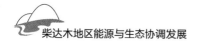

与发展所需要的生产资源及吸纳人类生产、生活所产生的废弃物的、具有生物生产力的地域面积。

2. 生态足迹的计算方法与步骤

生态足迹的计算包括生态足迹（生态足迹需求）及生态承载力（生态足迹供给）两个方面。

生态足迹的计算：

$$EF = N \sum_{j=1}^{6} AA_j \cdot EQ_j \qquad (5-1)$$

式中，AA_j 为第 j 项消费项占用的实际生态生产性土地面积；EQ_j 为第 j 项消费项目的均衡因子；N 为区域总人口。

实际生态生产性土地面积是指具有生态生产能力的土地或水体，是生态足迹理论为各类自然资源提供的统一度量基础。地球表面的生态生产性土地分为六大类：化石燃料用地、耕地、草地、林地、水域和建设用地。

均衡因子是指某类生物生产面积的世界平均潜在生产力与全球各类生物生产面积的平均潜在生产力的比值。

生态承载力的计算：

生态承载力是指全球及一个国家或地区生物生产能力的大小，即所能提供的生物生产性土地面积大小。其与传统的环境承载力不同，传统的环境承载力是指在不损害区域生产力的前提下，一个区域有限的资源能供养的最大人口数量。其计算公式是：

$$EC = P \sum_{j=1}^{6} EC_j \cdot EQ_j = P \sum_{j=1}^{6} AA_j \cdot YF_j \cdot EQ_j \qquad (5-2)$$

式中，AA_j 为第 j 项消费项占用的实际生态生产性土地面积；YF_j 为产量因子；P 为人口数量。

产量因子是一个国家或地区某类生物生产土地的平均生产力与同类土地的世界平均生产力之间的比率。

（二）数据来源及数据的处理

1. 基础数据的来源

本书研究的数据主要来源于历年《海西州统计年鉴》和《海西州国民

经济和社会发展统计公报》。故本书研究柴达木生态特区生态足迹及生态安全状况的时间区间为2008~2019年。

2. 指标选取

根据生态足迹理论，本书把消费项目划分为生物资源消费和能源资源消费两大部分。依照选取指标的科学、合理、易获取的原则，结合柴达木生态特区的具体情况，本书选取了由6大消费类型24个具体项目所构成的指标体系（见表5-1、表5-2）。

表5-1　生物资源消费类型

土地类型	生物资源消费类型
耕地	小麦、青稞、豆类、薯类、油料、蔬菜
林地	水果
草地	牛肉、羊肉、猪肉、牛奶、绵羊毛、羊绒、牛毛绒、禽蛋
水域	鱼类

表5-2　能源资源消费类型

土地类型	能源资源消费类型
化石燃料用地	原煤、焦炭、天然气、原油、柴油、汽油、洗精煤
建设用地	电力

3. 数据的处理

本书采用联合国粮农组织（FAO）生物资源的全球平均产量数据，对柴达木生态特区生物资源生产面积进行了计算，这样就能在不同区域间对比分析其结果。其中，均衡因子参照世界自然基金会（WWF）2006年提出的均衡因子数据，即耕地和建设用地为2.21，草地和化石燃料用地为1.34，水域为0.36，林地为0.49。

（三）生态足迹的计算

1. 柴达木生态特区2019年生态足迹的计算

（1）柴达木生态特区2019年生物资源生态足迹的计算。本书依据

《海西州统计年鉴2019》相关数据，运用生态足迹的计算公式，对2019年柴达木生态特区生物资源的生态足迹进行了分析，其计算结果如表5-3所示。

表5-3　2019年柴达木生态特区生物资源生态足迹

分类项目	全球平均量（kg/hm²）	柴达木产量（kg）	人口（人）	按全球平均产量的人均生态足迹（hm²/人）	调整后的人均生态足迹（hm²/人）	土地类型	合计（hm²/人）
谷物	2744	75284000	403826	0.06794	0.150147	耕地	0.369527
豆类	1856	470000	403826	0.000627	0.001386		
薯类	12607	2192000	403826	0.000431	0.000952		
油菜籽	1856	7523000	403826	0.010037	0.022183		
蔬菜	1800	64091000	403826	0.088172	0.19486		
水果	3500	965000	403826	0.000683	0.000335	林地	0.000335
猪肉	74	5140000	403826	0.172003	0.230485	草地	4.119691
牛肉	33	6637000	403826	0.498039	0.667373		
羊肉	33	22387000	403826	1.679916	2.251088		
奶类	502	12701000	403826	0.062653	0.083955		
羊毛	15	3742000	403826	0.617758	0.827795		
羊绒	15	205000	403826	0.033843	0.04535		
牛毛绒	15	30000	403826	0.004953	0.006637		
蛋禽	400	845000	403826	0.005231	0.00701		
水产	29	313000	403826	0.026727	0.009622	水域	0.009622

由表5-3可知，2019年柴达木生态特区生物资源总生态足迹为4.499175hm²/人。其中，林地为0.000335hm²/人，草地为4.119691hm²/人，耕地为0.369527hm²/人，水域为0.009622hm²/人。草地的生态足迹在柴达木生态特区生物资源生态足迹中所占比重最大，占总生态足迹的91.57%。这说明柴达木生态特区对草地资源的开发利用比其他生物资源的开发利用多，造成草地生态足迹相对较大。之所以会产生这种现象，其主要与该地区自然地理环境，人们的生产、生活方式，以及柴达木生态特区畜牧业的

快速发展有很大关系。第一，柴达木生态特区位于青藏高原之上，其地形地貌多以高山、戈壁、沙滩等为主，年降水量较少，气温较低，生长植物以草本植物居多。因此，柴达木生态特区草地资源较为丰富，这也为柴达木生态特区畜牧业的发展提供了充足的草场资源。第二，由于柴达木生态特区是个多民族居住区，少数民族主要以藏族、蒙古族、回族、土族、撒拉族等为主，2019 年柴达木生态特区少数民族人数占地区总人口的33.5%[①]。这些少数民族大部分属于行走在草原上的民族或信仰伊斯兰教的民族，其生活习惯多以牛、羊肉及乳制品为主食。因此，对牛羊肉等畜产品的需求量较大，造成草场的负荷压力较大。第三，从柴达木生态特区第一产业生产总值的构成比例中可以看出，柴达木生态特区畜牧业所占比重较高，2008 年，其畜牧业生产总值占第一产业生产总值的 56.3%。虽然近年来随着柴达木生态特区对第一产业内部结构的调整，畜牧业在整个第一产业中所占的比重有所下降，到 2019 年畜牧业在柴达木生态特区第一产业中所占比重为 38%，但仍占据着 1/3 的优势，给草地生态环境造成较大压力。同时，随着柴达木生态特区对第一产业内部结构的调整，农业的生产总值占第一产业的比重由 2008 年的 35.5%上升到 2019 年的 56.8%。农业的快速发展对柴达木生态特区耕地资源产生了较大需求。2019 年，柴达木生态特区耕地生态足迹为 0.369527hm²/人，在柴达木生态特区生物性资源的生态足迹中位居第二。此外，柴达木生态特区的水域生态足迹比林地生态足迹略高，这主要是由于近年来随着柴达木生态特区"菜篮子"工程的实施，柴达木生态特区对水域资源进行了适度开发，从而增加了水域生态足迹需求，使 2019 年柴达木生态特区水域生态足迹提升到 0.009622hm²/人。由于柴达木生态特区海拔较高，地区内林地地形多以高山、戈壁为主，气候寒冷干燥，宜林地区的土地面积较少，加上政府采取适当的政策性保护措施，故而对林地资源开发利用较少，从而有效地保护了林地资源。2019年，柴达木生态特区林地的生态足迹为 0.000335hm²/人，在整个柴达木生态特区生物资源用地中形成的生态足迹最少。

由此可见，在社会经济快速发展的背景下，柴达木生态特区对各种生

---

① 资料来源于《海西州统计年鉴 2019》。

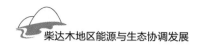

物资源用地都进行了不同程度的开发，促进了柴达木生态特区的生态足迹的发展。2019 年，柴达木生态特区各种生物资源的生态足迹呈现出以下规律特点：草地生态足迹>耕地生态足迹>水域生态足迹>林地生态足迹。

（2）2019 年柴达木生态特区能源资源生态足迹的计算。能源生态足迹是由建设用地和化石燃料用地组成。本书中的化石燃料用地主要选取的是柴达木生态特区原煤、洗精煤、焦炭、天然气、原油、汽油、柴油的生产性用地面积，建设用地主要选取的是柴达木生态特区电力的生产性用地面积。本书根据《海西州统计年鉴 2020》提供的各类能源消费量数据，将其折算成标准煤，根据中国工业和信息化部发布的折算系数将各种能源消费量的标准煤产量转换成热量，用转换后的热量与全球平均能源足迹相比得到总的碳足迹，再将总的碳足迹除以总人口得到人均消费量，将人均消费量与均衡因子相乘得到人均碳足迹。具体计算结果如表 5-4 所示。

表 5-4 2019 年柴达木生态特区能源资源生态足迹

项目分类	全球平均足迹（GJ/hm²）	消费量（t）	折算系数（GJ/t）	人均消费（GJ/人）	人均生态足迹（hm²/人）	调整后的人均生态足迹（hm²/人）	土地类型	合计（hm²/人）
原煤	55	5843545	20.934	302.924455	5.50771737	7.38034127	化石燃料用地	13.9049533
洗精煤	55	659250	26.344	43.0068445	0.78194263	1.04780312		
焦炭	55	421781.9	28.435	29.6993466	0.53998812	0.72358408		
天然气	93	378011.6	38.979	36.4872845	0.39233639	0.52573077		
原油	93	2200615	41.868	228.156059	2.45329096	3.28740989		
汽油	93	161118.3	43.07	17.1840475	0.1847747	0.2475981		
柴油	93	454469.5	42.705	48.0606004	0.51678065	0.69248607		
电力	1000	317778.6	11.84	9.31712823	0.00931713	0.02059085	建设用地	0.02059085

由表 5-4 可知，2019 年，柴达木生态特区能源资源总的碳足迹为 13.92554hm²/人。其中，化石燃料用地生态足迹相对较高，2019 年，柴达木生态特区化石燃料用地的生态足迹为 13.9050hm²/人。这说明随着社会经济的发展，柴达木生态特区能源消耗需求增加，使化石燃料用地的生态足

迹增大。柴达木生态特区建设用地的碳足迹相对较小，2019 年仅为 0.0206hm²/人。这说明电力行业的发展对土地造成的生态压力相对较少，使得柴达木生态特区建设用地的生态足迹相对较低。

（3）2019 年柴达木生态特区人均生态足迹。本书根据柴达木生态特区生物资源生态足迹和能源资源生态足迹相关数据，并结合世界自然基金会（WWF）2006 年确定的均衡因子，计算出了 2019 年柴达木生态特区人均生态足迹，具体计算结果如表 5-5 所示。

表 5-5　2019 年柴达木生态特区人均生态足迹

土地类型	均衡因子	均衡面积（hm²/人）
耕地	2.21	0.167207
林地	1.34	0.000683
草地	0.49	3.074397
水域	0.36	0.026727
化石燃料用地	1.34	13.9049533
建设用地	2.21	0.02059085
总的生态足迹	—	17.19455815

由表 5-5 可知，2019 年柴达木生态特区总的生态足迹为 17.19hm²/人，其中，化石燃料用地的生态足迹最高，为 13.90hm²/人，占总生态足迹的 80.86%。这说明化石性燃料用地的生态足迹对柴达木生态特区总的生态足迹的形成具有决定性的影响。同时，由于经济的快速增长，带来了能源消费需求的增加，导致化石性燃料用地的生态足迹随之上升。2019 年，柴达木生态特区地区生产总值为 666.11 亿元，比 2018 年增长了 11.09%；2019 年，柴达木生态特区人均地区生产总值为 128172 元，比 2018 年增长了 10.49%。同时，经济的增长带来了能源消费需求的增加，2019 年，柴达木生态特区能源消费需求量为 1211.55 万吨标准煤，比 2018 年增长了 2.4%。能源消费需求的增加，促使柴达木生态特区化石燃料用地的生态足迹也随之增加。

由于柴达木生态特区属于多民族居住区，人们的生活饮食习惯以牛羊

肉及其制品为主，对畜产品需求量较大。2019 年，柴达木生态特区畜产品产量为 53202 吨，比 2018 年的 48278 吨增加了 10.2%。2019 年，柴达木生态特区草地生态足迹为 3.07hm²/人，占柴达木生态特区总的生态足迹的 17.86%，对柴达木生态特区总的生态足迹的形成具有一定的推进作用。

随着柴达木生态特区人口的增加，其对农产品的需求也随之增加。为解决当地居民的生活问题，当地政府扩大了农产品的种植面积，因而对耕地资源的生态需求加大。2019 年，柴达木生态特区农产品产量为 238601 吨，耕地生态足迹为 0.17hm²/人，占柴达木生态特区总的生态足迹的 0.99%。

随着柴达木生态特区社会经济的发展，电力资源的需求也呈不断上升趋势。2019 年，柴达木生态特区电力消费总量为 97.18 亿千瓦·时，建设用地的生态足迹为 0.02hm²/人。

为丰富当地居民的菜篮子，柴达木生态特区积极发展水产养殖业，2019 年，柴达木生态特区水产品产量为 313 吨，虽比 2018 年产量减少了 22.33%，但对水域生态足迹仍形成了一定的需求压力。2019 年，柴达木生态特区水域生态足迹为 0.027hm²/人，占总的生态足迹的 0.16%。

为丰富当地居民的食物结构，柴达木生态特区积极发展水果种植业，2019 年，柴达木生态特区水果产量为 965 吨，比 2018 年增长了 8.79%，2019 年柴达木生态特区林地生态足迹为 0.0007hm²/人，占柴达木生态特区总的生态足迹的 0.004%，其在柴达木生态特区各种生产性用地生态足迹中是最小的。

由此可见，随着社会经济的发展及人们对各种资源消费需求的不断增加，导致各种生产性用地的生态足迹也随之上升。2019 年，柴达木生态特区各生产性用地的生态足迹呈现出以下规律特点：化石燃料用地生态足迹>草地生态足迹>耕地生态足迹>水域用地生态足迹>建设用地生态足迹>林地生态足迹。这和当前柴达木生态特区社会经济发展的客观规律相吻合。

2. 2008～2019 年柴达木生态特区生态足迹的变化分析

一个地区生态足迹的演变与该地区的人口数量和物质资源消耗有很大的关系。本书为揭示柴达木生态特区生态足迹的演变过程，对 2008～2019 年柴达木生态特区人均生态足迹进行了计算，具体计算结果如表 5-6 所示。

表5-6　2008~2019年柴达木生态特区人均生态足迹

年份	耕地生态足迹（hm²/人）	林地生态足迹（hm²/人）	草地生态足迹（hm²/人）	水域生态足迹（hm²/人）	化石燃料用地生态足迹（hm²/人）	建设用地生态足迹（hm²/人）	总生态足迹（hm²/人）
2008	0.0979	0.00007	2.0403	0.0271	6.0739	—	8.2392
2009	0.6031	0.0001	2.1010	0.0233	7.3186	0.0050	10.0511
2010	0.1513	0.00009	2.1712	0.0287	8.1924	0.0057	10.5495
2011	0.1499	0.00004	1.9245	0.0371	11.8276	0.0071	13.9463
2012	0.1425	0.00006	2.4396	0.0345	12.7454	0.0086	15.3706
2013	0.1436	0.00017	2.5625	0.0414	12.5851	0.0085	15.3413
2014	0.1598	0.0002	2.5240	0.0372	11.9451	0.0124	14.6788
2015	0.1441	0.0006	2.7444	0.0435	9.9220	0.0151	12.8697
2016	0.1529	0.0069	2.7793	0.0030	12.4792	0.0146	15.4355
2017	0.1497	0.0008	2.8628	0.0299	13.6228	0.0166	16.6826
2018	0.1689	0.0006	2.6808	0.0343	15.3835	0.0204	15.4039
2019	0.1672	0.0007	3.0744	0.0267	13.9050	0.0206	17.1946

注：因2008年柴达木生态特区建设用地资料缺失，无法计算出柴达木生态特区建设用地人均生态足迹，故用"—"来替代。

（1）2008~2019年柴达木生态特区人均生态足迹的总量变化趋势分析。由表5-6和图5-1可以看出，2008~2019年，柴达木生态特区人均生态足迹总体上呈不断上升趋势，由2008年的8.2392hm²/人上升到2019年的17.1946hm²/人，年均增长率为6.92%。虽然柴达木生态特区人均生态足迹在2013~2015年呈连续下降趋势，但2016年后又呈上升趋势。这主要是因为，柴达木生态特区为贯彻落实青海省生态立省的政策，对一些产能落后的企业实行关停整改等措施，减少了对生态环境的破坏和污染，且对地区内部产业结构进行了调整，使得柴达木生态特区人均生态足迹呈逐年下降趋势，但这仍无法缓解社会经济发展对生态环境造成的需求压力和影响。随着柴达木生态特区特色优势农业发展规模的不断壮大，中小企业成长工程的不断实施，以及新能源、新材料、绿色产业和现代服务业的快速发展，柴达木生态特区对各种资源的需求量不断增加，人均生态足迹在2016年又开始呈现不断上升趋势。

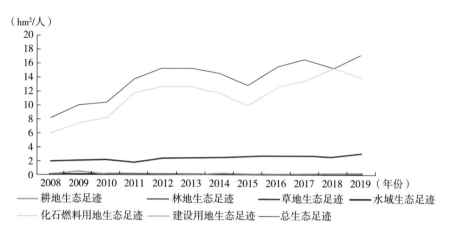

图 5-1　2008~2019 年柴达木生态特区各种土地类型的生态足迹

（2）2008~2019 年柴达木生态特区人均生态足迹的结构变化分析。由图 5-1 可知，柴达木生态特区 2008~2019 年各种生产性用地的人均生态足迹呈现出以下特点：林地人均生态足迹<建设用地人均生态足迹<水域人均生态足迹<耕地人均生态足迹<草地人均生态足迹<化石燃料用地人均生态足迹，具体情况如下：

第一，化石燃料用地人均生态足迹。由图 5-1 可知，2008~2019 年，柴达木生态特区的化石燃料用地生态足迹呈不断上升趋势。柴达木生态特区化石燃料用地的生态足迹由 2008 年的 6.0739hm²/人上升到 2019 年的 13.9050hm²/人，2019 年柴达木生态特区的化石燃料用地人均生态足迹比 2008 年的人均生态足迹增长了 1.29 倍，年均增长率为 7.82%。2019 年，柴达木生态特区的化石燃料用地人均生态足迹占当年人均总生态足迹的 80% 以上，化石燃料用地的人均生态足迹在整个柴达木生态特区人均生态足迹中占有绝对优势。这说明化石燃料用地对柴达木生态特区人均生态足迹的形成与发展具有决定性的影响作用。之所以会产生这种现象，与中国及柴达木生态特区社会经济发展的需求有很大关系。作为素有"聚宝盆"之美誉的柴达木生态特区，其不仅拥有丰富的矿产资源，而且能源资源也很富有。柴达木生态特区是中国陆上四大天然气气区之一，天然气储量十分丰富，且石油储量居中国第 13 位。柴达木生态特区也是中国太阳能、风能富集地区。丰富的能源资源为柴达木生态特区能源产业的发展提供了物质基础。为保证中国"西气东输"工程的顺利实施，满足东中部地区对清洁能源的消费需求，柴达木生态特区对天然气进行了规模性开采，天然气的产量由 2008 年的 43.65 亿立方米上升到 2019 年的 64.00 亿立方米，天然气的产量增加了近 21 亿立方米，年均增长率为 3.54%；石油资源的产量由 2008 年的 200 万吨增加到 2019 年的 228.0 万吨，年均增长率为 1.20%。为保证中国"西电东送"工程的顺利实施，满足当地经济建设的需要，柴达木生态特区发电量由 2008 年的 12.95 亿千·瓦时上升到 2019 年的 99.29 亿千瓦·时，年均增长率为 20.34%；焦炭的产量也由 2008 年的 72.1 万吨上升到 2019 年的 191.1 万吨，年均增长率约为 9.27%；柴达木生态特区的柴油产量由 2008 年的 46.59 万吨上升到 2019 年的 65.6 万吨，年均增长率为 3.16%。由此可以看出，随着柴达木生态特区各种能源资源产量的不断上升，化石性能源资源用地的人均生态需求压力与日俱增，生态足迹呈不断上升趋势，这对柴达木生态特区总的人均生态足迹的形成与增长产生了较大的影响。

第二，草地人均生态足迹。柴达木生态特区气候干燥、寒冷，昼夜温差较大，风蚀较强，不利于一般作物生长，故以草本植物为主；加之该地区属于多民族居住区，少数民族以藏族、蒙古族为主，而藏族和蒙古族属于游牧民族，其生活饮食习惯以牛羊肉及其乳制品等农畜产品为主，因此对畜产品的需求量较大。为满足当地居民生活需求，柴达木生态特区畜产品产量由 2008 年的 3733.8 吨上升到 2019 年的 53412 吨，畜产品产量增加了 49678.2 吨，对草地生态资源形成了较大的需求压力。虽然柴达木生态特区积极响应中国退耕还林还草政策，采取轮牧、休牧、围栏放牧等措施，使草场面积由 2008 年的 10437642 公顷上升到 2019 年的 12044171 公顷，草场面积增加了 1606529 公顷。但这仍然对草场资源形成了较大的生态需求压力。柴达木生态特区草地人均生态足迹由 2008 年的 2.0403hm²/人上升到 2019 年的 3.0744hm²/人，年均增长率为 3.80%。柴达木生态特区草地人均生态足迹的增长，是促使柴达木生态特区人均总生态足迹迅速增长的第二大推动力。

第三，耕地人均生态足迹。耕地是进行农业生产活动的重要物质基础。柴达木生态特区地处青藏高原，具有高原大陆性气候特征，该地区年均气

温较低，在4℃左右；降水量较少，年均降水量为180毫米左右，这对柴达木生态特区农作物的生长带来了一定的制约性。为满足当地居民对农产品的需求，柴达木生态特区积极实施"菜篮子"工程，大力发展大棚种植业，通过改良和引进优良品种，提高了农产品产量。随着柴达木生态特区"菜篮子"工程的实施，其对耕地资源的需求也呈逐年上升趋势，耕地面积由2008年的34914.3公顷扩大到2019年的50159公顷，耕地面积增加了15244.7公顷，对耕地生态的需求压力加大，耕地人均生态足迹由2008年的0.0979hm^2/人上升到2019年的0.1672hm^2/人，耕地人均生态足迹年均增长率为4.99%，呈稳步上升趋势。

第四，建设用地人均生态足迹。随着柴达木生态特区社会经济的快速发展，以及中国"西电东送"工程的实施，其对电力的需求不断加大。柴达木生态特区发电总量由2008年的129502万千瓦·时上升到2019年的992908万千瓦·时，年均增长率为20.34%。电力供给的增加，导致柴达木生态特区建设用地的需求也随之上升。2008年柴达木生态特区建设用地的面积为81279公顷，到2019年建设用地的面积上升到138463公顷，增加了57184公顷，使得柴达木生态特区的建设用地人均生态足迹也由2009年的0.0050hm^2/人上升到2019年的0.0206hm^2/人，年均增长率为15.21%。因此，随着柴达木生态特区建设用地需求的增加，导致建设用地的人均生态足迹也随之上升。

第五，水域人均生态足迹。为实现柴达木生态特区经济快速增长与发展，柴达木生态特区不断优化产业结构，在实施"菜篮子"工程的同时，对第一产业内部结构进行了调整。柴达木生态特区在大力发展水产养殖业的同时，结合当地冷凉性气候特点，积极培育水产品，以丰富当地居民的"菜篮子"。随着水产养殖业的发展，柴达木生态特区水域人均生态足迹由2008年的0.0271hm^2/人上升到2018年的0.0343hm^2/人。2019年柴达木生态特区水域人均生态足迹较2018年略有下降，水域人均生态足迹下降到0.0267hm^2/人，这主要是因为柴达木生态特区属于高寒地区，气候寒冷，昼夜温差大，水产品的生长周期较长，使得投资者的投资回收期相对较长，投资者信心不足，因此2019年柴达木生态特区水产品产量比2018年减少了90吨，生态足迹呈下降趋势。

第六，林地人均生态足迹。由于柴达木生态特区地处青藏高原，气候干燥寒冷，森林植被多以灌木林和少量的乔木林为主。近年来，在国家退耕还林还草的绿色生态政策指导下，柴达木生态特区加大了对森林植被的种植和复种力度，林业用地由 2008 年的 668707 公顷上升到 2019 年的 900880 公顷，林业用地增加了 232173 公顷，2019 年其森林覆盖率为 3.5%。随着柴达木生态特区水果种植业的发展，柴达木生态特区林业用地人均生态足迹呈逐年上升趋势，林地的人均生态足迹由 2008 年的 $0.00007hm^2/人$ 上升到 2019 年的 $0.0007hm^2/人$，年均增长率为 23.28%，对柴达木生态特区林业用地形成了一定的生态需求。

综上所述，随着柴达木生态特区社会经济的快速发展，柴达木生态特区对各种生产性用地的需求也随之上升，各种土地资源类型的人均生态足迹也呈不断上升趋势。

（3）结论。通过对柴达木生态特区生态足迹的分析可以看出，2008~2019 年柴达木生态特区各种类型土地资源的人均生态足迹均呈不断上升趋势。其中，化石燃料用地的人均生态足迹占总生态足迹的 80% 以上，其生态足迹的变化对柴达木生态特区人均总生态足迹的形成具有举足轻重的作用。从柴达木生态特区能源消费的产业构成可以看出，工业是柴达木生态特区能源消费的主力军。工业能源消费占整个柴达木生态特区全社会能源消费总量的 84.44%，而柴达木生态特区工业能耗主要以原煤、油气、炼焦、原油加工等为主，对化石性能源资源的消费需求较高，从而使柴达木生态特区化石燃料用地的人均生态足迹较高。

由于海拔较高，气候偏凉，加之柴达木生态特区居民饮食习惯多以牛、羊肉等畜产品为主，以小麦、青稞、豌豆等农产品为辅，从而使柴达木生态特区草地人均生态足迹大于耕地的人均生态足迹。同时，为满足当地社会经济发展的需要及中国"西电东送"工程的需求，柴达木生态特区加快了电力产业的发展，从而使柴达木生态特区建设用地的生态足迹也呈不断上升趋势。也正是由于柴达木生态特区化石燃料用地、草地、耕地、建设用地需求不断增加，对该区域生态环境形成了一定的需求压力，造成柴达木生态特区生态环境污染与破坏现象日趋加剧。水域和林地的人均生态足迹占柴达木生态特区人均总生态足迹的比重较小，共占 0.16%。但林地的人均生态足迹增长速度较快，林地的人均生态足迹年均增长率为 23.28%。这主要是

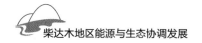

由于柴达木生态特区在中国植树造林构建绿色家园及"宜林地区种林，宜草地区种草"的方针政策的指导下，加大了林木种植，再加上"菜篮子"工程的实施，使得柴达木生态特区对林地的生态需求增加。由此可见，随着人类生产活动的进行，对生态环境形成的需求压力也在逐渐加大。

（四）柴达木生态特区生态承载力的分析

地球上一切资源都是有限的，而人类的需求、欲望却是无限的，因此形成了自然生态环境供给的有限性与人类需求无限性之间的矛盾。随着社会经济的发展，这一矛盾日渐凸显，并制约着人类社会经济的进一步发展。为解决这一矛盾问题，人类应树立正确的自然生态价值观，只有对自然生态环境进行充分合理的认知与了解，才能更好地让自然生态环境服务于人类。为此，人类在了解自然生态环境特性的基础上，应合理评价自然生态环境的承载力和容纳量，这样有利于人类对自然生态环境实施合理规划，从而改造并驾驭自然，使自然环境服务于人类自身生存与发展的需要。因此，本书在此运用国际惯用的均衡因子和产量因子指标对柴达木生态特区的生态承载力进行分析，以期为柴达木生态特区对生态环境进行合理规划奠定理论基础。

1. 2019 年柴达木生态特区生态承载力的计算

计算人均生态承载力的方法是用人均各类生物生产面积乘以均衡因子和产量因子，从而得到各类生物的人均生态承载力。其中，在产量因子的选择上，本书选取国际惯用的标准进行计算，即耕地和建设用地为 1.66，草地和化石燃料用地为 0.19，水域为 0.2，林地为 0.91；在对生态承载力计算的过程中，还应扣除 12% 的生物多样性的庇护。本书的具体计算结果如表 5-7 所示。

通过表 5-7 可以看出，2019 年，柴达木生态特区的生态承载力为 11.23783hm²/人，在扣除 12% 的生物多样性保护面积后，其生态承载力为 9.8893hm²/人。其中，各类生产性用地的生态承载力所呈现出来的规律特点是：草地生态承载力>建设用地生态承载力>林地生态承载力>水域生态承载力>耕地生态承载力>化石燃料用地生态承载力。2019 年，柴达木生态特区草地的生态承载力为 7.5947hm²/人，占柴达木生态特区各种生产性用地人均总生态承载力的 76.8%。草地生态承载力大于其他各种生产性用地的

表 5-7　2019 年柴达木生态特区生态承载力

类型	人均面积（hm²/人）	均衡因子	产量因子	人均生态承载力（hm²/人）
耕地	0.12	2.21	1.66	0.440232
林地	2.23	0.49	0.91	0.994357
草地	29.83	1.34	0.19	7.594718
水域	2.67	0.36	0.2	0.9612
化石燃料用地		1.34	0.19	0
建设用地	0.34	2.21	1.66	1.247324
合计				11.23783
减去 12% 的生物多样性保护面积				9.889291

生态承载力，这主要是因为：一方面，在自然生态环境基础条件方面，柴达木生态特区草地资源较为丰富，这为柴达木生态特区草地畜牧业发展提供了丰富的物质资源；另一方面，随着社会经济的发展，柴达木生态特区对草地实施了生态修复和保护，使柴达木生态特区草地的生态承载力比其他各类生产性用地的生态承载力高，环境承载力或容纳量较大，这为柴达木生态特区草地畜牧业的稳定发展提供了良好的生态环境条件。2019 年，柴达木生态特区建设用地的生态承载力为 1.2473hm²/人，占柴达木生态特区总生态承载力的 12.61%，位居第二。这说明，虽然近年来随着柴达木生态特区电力行业的发展，建设用地的需求不断增加，导致生态足迹呈上升趋势，但由于其生态承载力较大，土地多以戈壁、荒滩为主，且具有较大的环境容纳量，能充分满足当地建设用地的需求，因此柴达木生态特区建设用地的人均生态承载力相对较高。柴达木生态特区林地、水域和耕地的生态承载力相对较低，人均生态承载力均在 1hm²/人以下。这说明，柴达木生态特区在严寒的自然生态环境条件下，环境的脆弱性较强。随着柴达木生态特区林地、耕地、水域资源的开发，人类不当的生产活动行为会造成柴达木生态特区林地、耕地和水域生态资源供给不足，生态环境压力加大，易导致生态赤字现象出现，这对当地人类社会经济生产活动的可持续发展形成了一定的制约，故而其存在较大的生态风险与隐患。

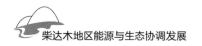

2. 2008~2019 年柴达木生态特区生态承载力的演变

（1）2008~2019 年柴达木生态特区生态承载力总体演变趋势。由表 5-8 可知，2008~2019 年，柴达木生态特区各种生产性用地总生态承载力总体上呈逐年上升趋势，生态承载力由 2008 年的 7.2747hm²/人上升到 2019 年的 9.8893hm²/人，年均增长率为 2.83%。虽然柴达木生态特区生态承载力总体上呈缓慢上升趋势，但在 2012~2014 年，其生态承载力曾一度出现下降趋势，生态环境容纳量减少，生态环境出现退化现象。究其原因，主要是因为随着柴达木生态特区经济的快速增长，尤其是从 2012 年开始，柴达木生态特区为进一步落实"菜篮子"工程，开始加快地区经济建设步伐，努力解决当地居民的生活问题，不仅大力发展水产养殖业和生态畜牧业，而且大力发展枸杞、沙棘、中藏药材等种植业，使林地、草地、水域的生态承载力开始下降。

表 5-8　2008~2019 年柴达木生态特区生态承载力

年份	耕地生态承载力（hm²/人）	林地生态承载力（hm²/人）	草地生态承载力（hm²/人）	水域生态承载力（hm²/人）	化石燃料用地生态承载力（hm²/人）	建设用地生态承载力（hm²/人）	总生态承载力（hm²/人）	扣除12%
2008	0.336044	0.782421	6.973036	0.000612	0	0.174625	8.266738	7.274729
2009	0.332375	0.772656	7.410515	0.000648	0	0.828737	9.34493	8.223539
2010	0.371629	1.031857	7.206606	0.000648	0	1.099479	9.71022	8.544993
2011	0.377132	1.01799	7.111564	0.979452	0	1.117822	10.60396	9.331485
2012	0.373097	0.999752	6.983322	0.961992	0	1.13213	10.45029	9.196257
2013	0.389238	0.98642	6.892862	0.949716	0	1.190094	10.40833	9.159331
2014	0.388872	0.976209	6.822058	0.939924	0	1.149006	10.27607	9.04294
2015	0.403546	1.003275	6.998954	0.964152	0	1.198898	10.56883	9.300566
2016	0.440232	0.994357	6.958218	0.9576	0	1.247324	10.59773	9.326003
2017	0.440232	0.989898	6.303896	0.9468	0	1.210638	9.891464	8.704488
2018	0.440232	0.994357	6.945488	0.9576	0	1.247324	10.585001	9.31480088
2019	0.440232	0.994357	7.594718	0.9612	0	1.247324	11.237831	9.8892913

（2）2008~2019 年柴达木生态特区生态承载力结构演变。由图 5-2 可以看出，柴达木生态特区各类生产性用地的生态承载力总体上呈平稳上升趋势，且各类生产性用地的生态承载力呈现出如下规律特点：草地生态承载力>建设用地生态承载力>林地生态承载力>水域生态承载力>耕地生态承载力>化石燃料用地生态承载力。具体情况如下：

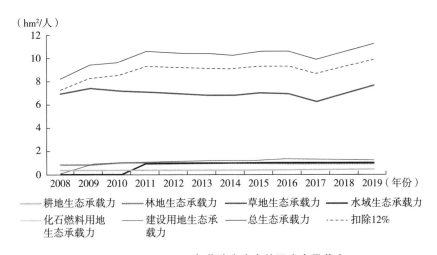

图 5-2　2008~2019 年柴达木生态特区生态承载力

第一，草地生态承载力。柴达木生态特区由于受自然地理和气候条件的影响，该地区植被以草本植物为主，草地资源相对较为丰富。2019 年，柴达木生态特区草场占总生物用地面积的 35%。近年来，柴达木生态特区积极响应党和国家退耕还林还草的政策，明确规划草场使用权，划定其使用范围，实行专草专治；同时，通过休牧、轮牧、围栏放牧等方式，促进草地资源的合理利用，实现草场内部生态协调发展。柴达木生态特区草地人均生态承载力已由 2008 年的 6.9730hm²/人上升到 2019 年的 7.5947hm²/人，草地人均生态承载力年均增长率为 0.78%，2019 年柴达木生态特区草地人均生态承载力占地区总人均生态承载力的 76.8%，这对柴达木生态特区总生态承载力的形成起着决定性作用。

第二，建设用地生态承载力。随着柴达木生态特区经济的快速发展，电力生产规模的不断扩大，建设性用地的生态压力也与日俱增。为减少电力生产对建设性用地生态环境造成的压力，柴达木生态特区对建设性用地

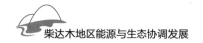
实施统一规划,合理布局,使得柴达木生态特区建设用地的生态承载力得到高效利用和有效保护。柴达木生态特区建设用地的生态承载力由2008年的0.1746hm²/人增加到2019年的1.2473hm²/人,年均增长率为19.57%,2008~2019年,人均建设用地的生态承载力增加了1.0727hm²/人,这为柴达木生态特区建设用地生态承载力的有效供给提供了相应的保障。

第三,林地生态承载力。柴达木生态特区地处高海拔的青藏高原,森林植被以灌木林和乔木林为主,灌木林主要分布在海拔2500~3000米的冲洪积平原、阿谷阶地和固定半固定沙丘上;乔木林主要分布在柴达木东部,海拔在3000~4000米的山地上,森林植被覆盖率低。为保证生态环境的可持续发展,在"三北"防护林建设的基础上,中国于2003年再次提出退耕还林还草政策,柴达木生态特区的森林植被覆盖率有所提高,2019年柴达木生态特区森林覆盖率达到3.5%。截至2019年底,柴达木生态特区植树造林面积达10.11万亩,封山育林面积达67.45万亩,全民义务植树数量达130.8万株,森林植被种植面积得到有效扩大。柴达木生态特区林地的人均生态承载力也由2008年的0.7824hm²/人上升到2019年的0.9944hm²/人,年均增长率为2.2%。虽然柴达木生态特区人均林地生态承载力在2008~2019年呈缓慢上升趋势,但在2010~2014年及2016~2017年柴达木生态特区人均林地生态承载力呈缓慢波动下降趋势。这主要是因为,柴达木生态特区为加快地区经济结构调整,大力发展枸杞、沙棘、中藏药材等种植业和加工业,使柴达木生态特区原本脆弱的林业用地的生态承载力开始下降,年均下降率为0.59%。这对柴达木生态特区林业用地的可持续发展带来了一定影响。

第四,水域生态承载力。柴达木生态特区水资源相对较为稀缺,地表水的径流深度为7.2毫米,自产水资源为44.4亿立方米。由于柴达木生态特区地处高海拔的青藏高原,水质较硬,水体较凉,不利于水生生物的生长,故柴达木生态特区对水域资源的开发利用相对较少。加之近年来柴达木生态特区对黄河水泥沙及污水的治理,使得柴达木生态特区水域人均生态承载力有所提升。柴达木生态特区水域人均生态承载力由2008年的0.000612hm²/人上升到2011年的0.979452hm²/人,在此期间水域人均生态承载力增长了0.97884hm²/人。柴达木生态特区人均水域生态承载力在2011年达到最大值

0.979452hm²/人后,水域生态承载力开始呈逐年下降趋势,到 2019 年水域生态承载力下降至 0.9612hm²/人,年均下降率为 0.23%。虽然水域生态承载力下降幅度较小,但这对原本脆弱的柴达木生态特区水域生态环境造成了一定的生态需求压力。因此,柴达木生态特区应进一步合理开发利用水域资源,进行生态养护,从而保证水域资源生态承载力的可持续性。

第五,耕地生态承载力。耕地是保证农业生产正常运转的重要资源。由于柴达木生态特区地处青藏高原,地形多以高山、戈壁为主,可用来耕种的土地资源较为稀缺,加上年均气温较低,风沙较大,对农业经济发展形成了一定的制约。基于生态环境的脆弱性,柴达木生态特区本着因地制宜的原则,积极引进并培育适合本地生态环境的优良品种,大力发展藜麦等种植业,在保证一定农作物产品生产的同时,积极采取轮作、间作等措施,给予耕地资源一定的休复空间,以实现生态良性循环。正因如此,柴达木生态特区耕地人均生态承载力由 2008 年的 0.3360hm²/人上升到 2019 年的 0.4402hm²/人,年均增长率为 2.49%。虽然柴达木生态特区耕地资源的生态承载力较低,但只要开发利用得当,并进行适当的有效保护,柴达木生态特区耕地资源的生态承载力就能满足当地居民生活及经济发展的需要,这对柴达木生态特区生态环境的可持续发展具有积极意义。

(3) 总结。通过上述分析可以看出,柴达木生态特区各种生产性用地总生态承载力总体上呈缓慢上升趋势,由 2008 年的 7.2747hm²/人上升到 2019 年的 9.8893hm²/人。但在 2012~2014 年及 2017 年间柴达木生态特区各种生产性用地总生态承载力出现了不同程度的下降,下降幅度分别为 1.04% 和 6.66%。这使得柴达木生态特区原本脆弱的生态环境面临着巨大的挑战。具体来看,柴达木生态特区林地、草地、水域的生态承载力分别在 2010 年、2009 年和 2011 年达到最大值后,均开始呈逐年下降趋势,虽然下降幅度都不大,但对柴达木生态特区各种生产性用地总的人均生态承载力的形成影响较大,使柴达木生态特区各种生产性用地总的人均生态承载力在 2011 年达到最高值 9.3315hm²/人后,开始呈波动下降趋势,直到 2018 年柴达木生态特区各种生产性用地人均总生态承载力才开始呈缓慢上升趋势,2019 年柴达木生态特区各种生产性用地人均总生态承载力为 9.8893hm²/人。因此,柴达木生态特区应合理开发利用林地、草地和水域资源,加大草地复种和休牧力度，进一步落实围栏放牧政策，改变牧区能源的消费结构，保护草地内部生态循环。柴达木生态特区还应加大对原生态林和防护林的保护与建设，坚持"宜林地区种林，宜草地区种草"的原则，进行草地和林地的生态养护，以确保柴达木生态特区草地和林地的生态安全，同时对水域资源本着循序渐进的原则进行开发利用，保护水域生物物种，以保证水域生态承载力的可持续发展。

2008～2019年，柴达木生态特区耕地和建设用地的生态承载力呈逐年上升趋势。耕地资源生态承载力虽然在2012年和2014年出现小幅下降，但此后柴达木生态特区耕地资源生态承载力很快又呈上升趋势。建设性用地的生态承载力在2014年和2017年出现小幅下降后，2015年和2018年又呈上升趋势，由于上升幅度较小，对柴达木生态特区建设性用地的生态承载力影响不大。因此，合理规划是柴达木生态特区保护生态承载力的重要途径与手段。

二、柴达木生态特区生态安全分析

生态安全是指生态系统的健康与完整状况，是人类生产、生活和健康不受生态破坏与环境污染影响的保证程度。

(一) 生态安全的计算公式

1. 生态赤字（ED）/生态盈余（ER）的计算

$$ED = EF - EC (EF > EC) \qquad (5-3)$$

$$ER = EC - EF (EF < EC) \qquad (5-4)$$

当EF>EC时，说明人类生产活动对生态环境的需求大于生态环境可供人类消费的能力，造成环境供给压力较大，而易产生失衡，即人类生产活动超过了环境的承载力和容纳量，对生态环境产生了一定的破坏和影响。

当EF<EC时，说明人类生产活动对自然生态环境造成的影响不大，在自然生态环境系统可提供的承载力和容纳量范围之内，因此，人与自然的相处处于和谐状态。

2. 生态压力指数

生态压力指数是指某个国家或地区可更新资源的人均生态足迹与生态承载力的比率。其反映了该区域生态环境的承压程度。其计算公式为：

$$EPI = (EF-EC)/EC \qquad (5-5)$$

为揭示柴达木生态特区生态环境平衡状况，本书采用生态赤字或生态盈余的计算方法来反映。根据生态足迹分析，若生态承载力与生态足迹之差大于 0，则存在生态盈余；若生态承载力与生态足迹之差小于 0，则存在生态赤字。赤字水平越大，则其生态系统越不安全。

(二) 柴达木生态特区生态安全的计算

1. 柴达木生态特区生态盈余/生态赤字分析

本书根据表5-6、表5-8中的数据，采用式 (5-3) 或式 (5-4)，计算得出了 2008~2019 年柴达木生态特区生态盈余状况 (见表5-9、图5-3)。

表 5-9　2008~2019 年柴达木生态特区生态盈余/生态赤字状况

年份	耕地生态赤字/盈余 (hm²/人)	林地生态赤字/盈余 (hm²/人)	草地生态赤字/盈余 (hm²/人)	水域生态赤字/盈余 (hm²/人)	建设用地生态赤字/盈余 (hm²/人)	化石燃料用地生态赤字/盈余 (hm²/人)	总生态赤字/盈余 (hm²/人)
2008	0.2381	0.7824	4.9327	-0.0265	0.1746	-6.0739	0.0275
2009	-0.2707	0.7726	5.3095	-0.0227	0.8237	-7.3186	-0.7062
2010	0.2203	1.0318	5.0354	-0.0281	1.0938	-8.1924	-0.8392
2011	0.2272	1.0179	5.1871	0.9424	1.1107	-11.8276	-3.3423
2012	0.2306	0.9997	4.5437	0.9275	1.1235	-12.7454	-4.9204
2013	0.2456	0.9863	4.3304	0.9083	1.1816	-12.5851	-4.9329
2014	0.2291	0.9760	4.2981	0.9027	1.1366	-11.9451	-4.4026
2015	0.2594	1.0027	4.2546	0.9207	1.1838	-9.9220	-2.3009
2016	0.2873	0.9875	4.1789	0.9546	1.2327	-12.4792	-4.8382
2017	0.2905	0.9891	3.4411	0.9169	1.1940	-13.6228	-6.7911
2018	0.2713	0.9938	4.2647	0.9233	1.2269	-15.3835	-7.7035
2019	0.2730	0.9937	4.5203	0.9345	1.2267	-13.9050	-5.9568

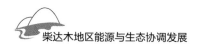

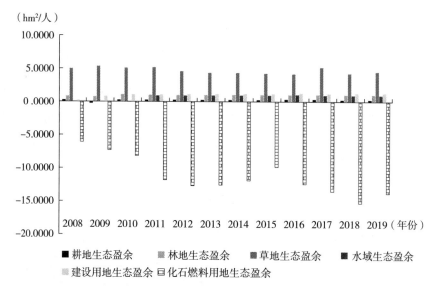

（hm²/人）

2008 2009 2010 2011 2012 2013 2014 2015 2016 2017 2018 2019（年份）

■ 耕地生态盈余　　▨ 林地生态盈余　　▨ 草地生态盈余　　■ 水域生态盈余
▨ 建设用地生态盈余　⊞ 化石燃料用地生态盈余

图 5-3　2008~2019 年柴达木生态特区生态盈余

（1）2008~2019 年柴达木生态特区生态盈余总体状况。由表 5-9 和图 5-3可知，2008~2019 年柴达木生态特区生态环境一直处于赤字水平状态，且其生态盈余水平由 2008 年的 0.0275hm²/人下降到 2019 年的-5.9568hm²/人，生态环境不仅出现赤字，而且生态赤字水平年均增长率为 63.06%。这对柴达木生态特区生态经济的稳定协调发展形成一定的瓶颈与障碍。之所以会产生这种现象，是因为柴达木生态特区为促进地区经济的快速增长，加大了固定资产投资，2008~2019 年，其固定资产投资年均增长率为 18.68%，为柴达木生态特区经济的稳定发展提供了良好的资金环境条件。同时，柴达木生态特区为巩固自身经济的发展，形成了以盐湖化工，冶金、新材料等为主的七大工业生产体系，建成了藜麦、枸杞种植园区，形成了以福牛为首的畜产品生产加工业。随着柴达木生态特区工农业的发展，柴达木生态特区各种生产性用地的生态需求压力加大，生态赤字水平趋向于严重化，虽然 2014~2015 年柴达木生态特区生态赤字水平有所缓解，但仍改变不了柴达木生态特区生态赤字的恶化趋势。生态赤字的出现，不利于柴达木生态特区生态与经济的可持续发展。

（2）2008～2019年柴达木生态特区各种生产性用地的生态盈余（赤字）状况分析。本书将从耕地、林地、草地、水域、建设用地、化石燃料用地六个方面进行分析。

第一，柴达木生态特区耕地生态盈余状况。随着柴达木生态特区社会经济的发展，人口数量的增加，柴达木生态特区人均收入水平的提高，人们对农产品的需求量也日趋增多，且朝着多样化的方向发展，这对柴达木生态特区耕地资源的生态需求形成了较大压力，导致柴达木生态特区耕地资源生态足迹日趋上升。为缓解对耕地生态需求的压力，柴达木生态特区采取了一系列措施：大力发展大棚种植业，积极培育新品种，提高单位土地产出效率；从外部适度调入农产品，以缓解柴达木生态特区对农产品的需求压力；调整农业内部生产结构，使柴达木生态特区农业生产趋向于多元化，这不仅满足了柴达木生态特区居民对农产品的生活需要，而且使农业生产结构更加合理，使柴达木生态特区耕地生态盈余由2008年的$0.2381hm^2$/人上升为2019年的$0.2730hm^2$/人，耕地生态盈余水平呈逐年上升趋势。这给柴达木生态特区农业经济的进一步发展提供了良好的生态环境条件。

因此，为进一步促进柴达木生态特区农业经济的可持续发展，柴达木生态特区应采取以下几个方面的措施：积极引进和培育适应本地种植的优良农作物品种，实施科学种植，以提高土地综合利用效率和单位产出量；大力发展生态种植业，利用作物间微循环，实现耕地资源生态平衡；进一步调整和优化农业生产内部结构，使农产品生产趋向于多元化和多样化；采取适度的耕地保护措施，减少对耕地资源的盲目使用，以充分利用柴达木生态特区耕地资源优势，在实现经济产出效益最大化的同时最大限度地保护耕地生态环境，实现经济与生态的双赢。

第二，2008～2019年柴达木生态特区林地生态盈余状况。柴达木生态特区植被以草本植物和灌木林为主，且灌木林分布区域有限，使得柴达木生态特区森林植被覆盖率较低，2019年森林覆盖率仅为3.5%，低于青海省森林覆盖率3.8%。由于柴达木生态特区森林覆盖率较低，导致防风固沙、涵养水源、保持水土的能力有限，因此柴达木生态特区在风力比较强的时候，会出现黄沙满天飞的景象。为解决这一问题，缓解土地沙化问题，柴达木

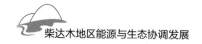

生态特区采取封山育林、人工培育种植等方法，增加林地种植面积，提高森林覆盖率，以起到防风固沙的作用。为此，柴达木生态特区的林地面积由 2008 年的 348619.6 公顷上升到 2019 年的 900880 公顷；生态足迹也由 2008 年的 0.00007hm²/人上升到 2019 年的 0.0007hm²/人；生态承载力也由 2008 年的 0.782421hm²/人上升到 2019 年的 0.994357hm²/人。由于林地规模的扩大，森林覆盖率增加，使得柴达木生态特区林地的生态盈余由 2008 年的 0.7824hm²/人上升到 2019 年的 0.9937hm²/人，生态环境有所改善。因此，柴达木生态特区应因地制宜适度进行森林植被的种植，这有利于改善该地区的生态环境状况。

第三，2008~2019 年柴达木生态特区草地生态盈余状况。柴达木生态特区属于高原性大陆气候，年均气温较低，风沙较大，水分日蒸发量较高，植物以草本植物为主，故柴达木生态特区草地资源较为丰富，草场面积较大，且分布较广。此外，柴达木生态特区还采取了一系列措施：积极响应国家退耕还林还草政策，进行草地生态修复；合理规划，有针对性地采取防鼠、灭鼠行动；对草场实施轮牧、休牧、围栏放牧等措施。这些措施有力地保护了柴达木生态特区草地生态环境，使得柴达木生态特区草地生态承载力由 2008 年的 6.973036hm²/人上升到 2019 年的 7.594718hm²/人。然而，当地居民的饮食文化习俗造成对畜产品的消费需求较高，加之当地畜产品还要满足对外贸易出口的需要，使得柴达木生态特区对草场资源的开发利用呈逐年上升趋势。柴达木生态特区草地生态足迹由 2008 年的 2.0403hm²/人上升到 2019 年的 3.0744hm²/人，造成草地生态需求压力增大，生态盈余水平呈缓慢下降趋势，生态盈余水平由 2008 年的 4.9327hm²/人下降到 2019 年的 4.5203hm²/人。因此，改善居民饮食结构，正确引导民众的消费行为，合理规划草地利用，是保护柴达木生态特区草地生态环境的一项重要措施。

第四，2008~2019 年柴达木生态特区水域生态盈余状况。由于柴达木生态特区地处青藏高原，年均气温较低，水质呈冷、硬的特点，导致水域生物资源生长周期较长，因此柴达木生态特区对水域生物资源的开发利用相对较少。2019 年，柴达木生态特区水产品产量较低，仅有 313 吨，水域生态足迹在柴达木生态特区整个生产性用地资源生态足迹中位居第四。2008

年，柴达木生态特区水域生态足迹为 0.0271hm²/人，到 2019 年水域生态足迹下降到 0.0267hm²/人，生态承载力也由 2008 年的 0.000612hm²/人上升到 2019 年的 0.9612hm²/人，生态盈余水平由 2008 年的 −0.0265hm²/人上升到 2019 年的 0.9345hm²/人，生态盈余水平呈不断上升趋势。这为柴达木生态特区水域经济的可持续发展奠定了基础。

第五，2008~2019 年柴达木生态特区建设用地生态盈余状况。随着柴达木生态特区社会经济的发展，人们生活质量和生活水平的不断提高，柴达木生态特区建设用地的生态足迹由 2009 年的 0.005hm²/人上升到 2019 年的 0.0206hm²/人。为缓解经济发展对生态环境造成的需求压力，柴达木生态特区开始科学合理地制定生态规划，提高单位土地的综合利用效率，从而使柴达木生态特区建设用地的生态承载力由 2009 年的 0.828737hm²/人上升到 2019 年的 1.247324hm²/人，建设用地的生态盈余也由 2009 年的 0.8237hm²/人上升到 2019 年的 1.2267hm²/人，年均增长率为 19.57%，柴达木生态特区建设用地的生态环境处于良性循环状态。

第六，2008~2019 年柴达木生态特区化石燃料用地生态盈余状况。在西部大开发、全球经济一体化及"一带一路"建设的背景下，柴达木生态特区将资源优势转化为经济优势，充分利用其优势资源，带动地区经济增长，并形成以盐湖化工、采选业和冶金业等为主的工业生产体系。这不仅加大了对各种矿产资源的开发利用，同时也造成了对能源资源消费需求的增加，尤其是对化石性燃料需求的增加，导致柴达木生态特区化石性燃料用地的生态需求压力加大，化石燃料用地的生态平衡出现严重赤字，生态赤字水平由 2008 年的 6.0739hm²/人上升到 2019 年的 13.9050hm²/人，年均增长率为 7.82%。虽然 2014 年和 2015 年柴达木生态特区化石性燃料用地的生态赤字水平略有改善，但仍改变不了赤字水平的进一步扩大趋势。因此，调整能源生产结构和消费结构，提高以化石性燃料为主的行业产出效率，是柴达木生态特区改善化石性燃料用地生态平衡的当务之急。

（3）结论。综上所述，柴达木生态特区耕地与化石性燃料用地的生态环境常年处于赤字状态，尤其是化石性燃料用地的生态赤字对柴达木生态特区整体生态平衡状况的影响巨大，造成柴达木生态特区总体生态平衡处于严重赤字状态。2019 年柴达木生态特区生态赤字水平达 5.9568hm²/人。虽然柴达木生态特区生态平衡总体上处于赤字状态，但柴达木生态特区林地、草地、耕地、水域和建设性用地的生态平衡均处于盈余状态。其中，草地的生态盈余水平最高，2019年柴达木生态特区草地生态盈余为4.5203hm²/人，这对改善柴达木生态特区生态平衡具有积极作用。虽然林地、草地和水域生态平衡处于盈余状态，但盈余水平较低，均处于0~1hm²/人。柴达木生态特区在经济发展的过程中，若不对这些生产性用地进行合理规划，很容易造成这些生产性用地走向赤字化，这将会使柴达木生态特区生态赤字规模进一步扩大。因此，柴达木生态特区在未来的经济建设中，应注重生态环境的保护，科学合理地制定生态规划，加强生态环境治理，以确保柴达木生态特区生态文明建设。

2. 柴达木生态特区生态压力指数的计算

为了对柴达木生态特区生态环境为人类生产活动提供生态服务的功能，以及人类生产活动对生态环境系统所造成的压力强度进行评估，本书将运用生态压力指数进行分析。生态压力指数越大，说明生态环境破坏程度越强；生态压力指数越小，则说明对生态环境的影响越小。在计算柴达木生态特区生态压力指数时，本书将其与2006年WWFN的生态压力指数（见表5-10）进行比较，从而对柴达木生态特区生态安全状况进行评价。柴达木生态特区生态压力指数的计算结果具体如表5-11、图5-4所示。

表5-10 WWFN生态压力指数范围和等级划分标准

等级划分	生态压力指数范围	特征状态
1	<-0.5	很安全
2	-0.5~0	较安全
3	0~0.5	稍不安全
4	0.5~1	较不安全
5	1~2	很不安全
6	>2	极不安全

表 5-11　2008~2019 年柴达木生态特区生态安全评价

年份	生态足迹（hm²/人）	生态承载力（hm²/人）	生态压力指数	评价等级	特征状态
2008	8.2392	7.274729062	0.132578262	3	稍不安全
2009	10.0511	8.223538682	0.222235389	3	稍不安全
2010	10.5495	8.544993204	0.234582609	3	稍不安全
2011	13.9463	9.331484606	0.494542464	3	稍不安全
2012	15.3706	9.19625743	0.671397318	4	较不安全
2013	15.3413	9.159330805	0.674936775	4	较不安全
2014	14.6788	9.042939761	0.623233195	4	较不安全
2015	12.8697	9.30056642	0.383754432	3	稍不安全
2016	15.4355	9.32600328	0.655103428	4	较不安全
2017	16.6826	8.70448832	0.916551483	4	较不安全
2018	15.4039	9.31480088	0.65370148	4	较不安全
2019	17.1946	9.8892913	0.738709022	4	较不安全

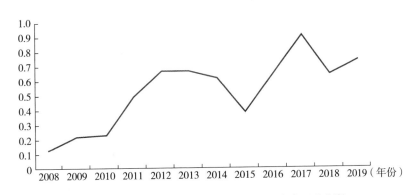

图 5-4　2008~2019 年柴达木生态特区生态压力指数

从表 5-11 和图 5-4 可以看出，柴达木生态特区生态压力指数呈不断
上升趋势，生态压力指数由 2008 年的 0.1326 上升到 2019 年的 0.7387，
生态安全处于较不安全状态。具体来看：2008 年，柴达木生态特区生态
足迹为 8.2392hm²/人，生态承载力为 7.2747hm²/人，生态压力指数为

0.1326。根据 WWFN 生态压力指数范围和等级划分标准可知，2008 年柴达木生态特区安全评价等级为 3 级，生态环境处于稍不安全状态。随着柴达木生态特区社会经济的进一步发展，其加大了固定资产投资，全面发展工农业和服务业，导致柴达木生态特区草地、耕地、林地、水域、建设用地和化石燃料用地的生态足迹均呈上升趋势，2019 年柴达木生态特区各种生产性用地总的人均生态足迹为 17.1946hm²/人，且 2008~2019 年人均生态足迹年均增长率为 6.92%。为进一步落实科学发展观，实现人与自然和谐发展，2008 年青海省政府提出生态立省的发展思路。柴达木生态特区积极响应青海省生态立省的发展战略，采取了一系列生态环境治理措施，制定了环境排污标准与排污要求，实施减排降耗，从而大大缓解了对生态环境需求的压力，使得柴达木生态特区生态承载力呈逐年上升趋势，且年均增长率为 2.83%。由于柴达木生态特区生态承载力的增长落后于生态足迹的发展，使得柴达木生态特区生态压力指数由 2008 年的 0.1326 上升到 2019 年的 0.7387，生态安全状况由稍不安全转化为较不安全。随着社会经济的不断发展，柴达木生态特区生态压力指数呈逐年上升趋势，生态环境安全度不断下降。为进一步提高生态安全度，柴达木生态特区加大了对生态环境的保护，实施"封山育林，封沙育草"政策，大力实施减排减耗政策，加大环境执法力度，使得柴达木生态特区 2015 年生态安全状况有所上升，生态压力指数有所下降，生态压力指数在 2015 年下降到 0.3838，生态环境处于稍不安全状态。由于柴达木生态特区生态环境的脆弱性较强，生态自我修复能力较差，生态环境的破坏不仅具有消费的不可逆性，同时还具有累积效应，虽然柴达木生态特区采取了一定的防范和保护措施以解决生态环境的污染与破坏问题，但随着柴达木生态特区工农业生产的全面发展，柴达木生态特区生态压力指数再次增大，生态安全再次下降，生态环境又处于较不安全状态。这对柴达木生态特区实现地区生态、经济的可持续发展埋下了隐患，不利于柴达木生态特区生态文明建设。因此，注重生态环境保护，促进柴达木生态特区生态安全建设，促进生态与经济的和谐发展是柴达木生态特区实现生态环境可持续发展的必由之路。

(三) 结论

随着可持续发展与低碳经济战略的实施，2008~2019 年，柴达木生态特区在大力发展经济的同时，对生态环境进行了相应的开发，致使该地区人类的生产活动行为对大自然生态环境造成了一定影响。柴达木生态特区生态足迹由 2008 年的 8.2392hm²/人上升到 2019 年的 17.1946hm²/人。其中，化石性燃料用地的生态足迹最大，占地区总生态足迹的 80% 以上，对原本脆弱的柴达木生态特区生态环境造成了较大压力，这是柴达木生态特区生态足迹上升的主要原因。为缓解人类生产活动对生态环境所造成的负面影响，柴达木生态特区进行了产业结构调整，大力发展低耗能产业，对工矿企业排污进行了综合治理，并实施退耕还林还草政策，适时进行封山 (沙) 育林 (草)，使得柴达木生态特区生态承载力有所上升，生态承载力由 2008 年的 7.2747hm²/人上升到 2019 年的 9.8893hm²/人，生态环境容纳量亦有所增加，但生态平衡状况仍不容乐观，生态赤字呈不断上升趋势。柴达木生态特区生态安全状况由 2008 年的生态盈余转变为 2019 年的生态赤字，生态赤字水平年均增长率为 63.06%，生态状况安全由稍不安全逐步转变为较不安全。柴达木生态特区生态安全状况的波动性较大，说明柴达木生态特区在生态文明建设的道路上，仍处于摸索状态，所以生态文明建设对于柴达木生态特区而言是一项任重而道远的任务。

为实现柴达木生态特区社会经济的可持续发展，柴达木生态特区应进一步调整产业结构，使产业结构趋向于合理化；同时，积极实施生态环境治理措施，采取适当的预防性措施，将生态环境污染问题及时扼杀在摇篮中，以遏制柴达木生态特区生态环境的退化速度。

三、柴达木生态特区生态环境与经济的耦合分析

随着现代工业文明的发展，人类对生态环境的破坏日趋严重。近年来，生态环境与经济的协调发展已成为可持续发展研究的热点之一。国内外学者分别从不同的角度，运用不同的方法对生态环境与经济发展之间的关系进行了分析。本书借助耦合协调模型，选取 14 项指标对柴达木生态特区生

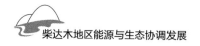

态环境与经济发展之间的关系进行了研究。

（一）指标体系的选择与数据处理

1. 指标选择

本书基于科学性、代表性、数据的可得性等原则，从生态条件、生态压力、经济发展和人民生活水平四个方面，选取了14项指标进行计算，具体指标如表5-12所示。

表5-12　柴达木生态特区经济与生态耦合的指标

子系统	一级指标	评价指标	单位	性质
生态环境综合指数	生态条件	X1 林地	公顷	正
		X2 草地	公顷	正
		X3 耕地	公顷	正
	生态压力	X4 废水排放总量	万吨	负
		X5 SO$_2$排放量	吨	负
		X6 工业固体废弃物排放量	万吨	负
		X7 工业废水排放达标量	万吨	正
		X8 工业固体废弃物综合利用率	%	正
经济社会发展综合指数	经济发展	X9 人均生产总值	元	正
		X10 财政收入	万元	正
		X11 全社会消费品零售总额	万元	正
	人民生活	X12 农牧民人均纯收入	元	正
		X13 万人拥有医生数	人/万人	正
		X14 城镇居民人均可支配收入	元	正

2. 指标数据的处理

首先，由于本书选取的指标数据单位不同，为消除单位不同造成分析结果具有不可比性，本书采用离差标准化法，对数据进行了无量纲化处理。计算公式如下：

$$X_i^t = \frac{X_i - X_{min}}{X_{max} - X_{min}}（正项指标）\tag{5-6}$$

$$X_i^t = \frac{X_{max} - X_i}{X_{max} - X_{min}}（负向指标）\qquad (5-7)$$

其次，为避免赋权法存在的主观性，本书采用因子分析法对标准化后的数据进行了矩阵转置，并根据观测数据之间的关系，通过因子分析法对各项指标进行了计算，将其得分进行归一化处理，作为各指标权重。其计算结果具体如表5-13所示。

表5-13　柴达木生态特区经济—环境耦合因子载荷及指标权重

序号	子系统	评价指标	因子载荷	权重
1	X 生态环境	X1 林地	0.898	0.127
2		X2 草地	0.974	0.137
3		X3 耕地	0.979	0.138
4		X4 废水排放总量	0.874	0.123
5		X5 SO_2排放量	0.890	0.126
6		X6 工业固体废弃物排放量	0.961	0.136
7		X7 工业废水排放达标量	0.697	0.098
8		X8 工业固体废弃物综合利用率	0.811	0.114
9	Y 经济	Y1 人均生产总值	0.642	0.128
10		Y2 财政收入	0.793	0.158
11		Y3 全社会消费品零售总额	0.928	0.185
12		Y4 农牧民人均纯收入	0.947	0.189
13		Y5 万人拥有医生数	0.738	0.147
14		Y6 城镇居民人均可支配收入	0.956	0.191

（二）耦合协调模型构建

1. 生态环境综合评价函数

为构建生态环境与经济发展的综合评价函数，本书对生态环境与经济系统指数先行进行加权计算，其公式为：

$$f(x) = \sum_{i=1}^{m} a_i \times X_i \qquad (i=1, 2, 3, \cdots, 8) \qquad (5-8)$$

式（5-8）中，a_i 为环境指标的权重，X_i 为环境指标标准化后的值。生态环境综合指数越高，表明生态环境状况越好，越低则表明环境越差。

2. 经济社会综合评价函数

$$g(y) = \sum_{i=1}^{n} b_i y_i \qquad (i=1, 2, 3, \cdots, 6) \qquad (5-9)$$

式（5-9）中，b_i 为经济指标的权重，Y_i 为经济指标标准化后的值。经济发展指数越高，说明该地区经济社会发展水平越高。

3. 耦合度评价

$$C = \sqrt{f(x)g(y) / [(f(x) + g(y))/2]^2} \qquad (5-10)$$

所谓耦合度，是指系统或要素之间相互影响的大小程度。耦合值越大，说明经济社会与生态两大系统相互作用越强。

4. 耦合协调度计算

$$T = a(x) + \beta g(y) \qquad (5-11)$$

$$D = \sqrt{C \times T} \qquad (5-12)$$

式（5-11）和式（5-12）中，C 为经济与环境的耦合度，T 为生态环境与社会经济系统的综合评价值，D 为经济与环境耦合协调度，α 和 β 为待定系数。

所谓耦合协调度，是指度量系统间或系统内部要素之间，在发展过程中彼此利益一致的程度，体现了系统由无序走向有序的趋势。耦合协调度越高，说明生态环境与社会经济发展的总体水平越高，表明生态与经济系统之间的耦合关系越和谐。

（三）评判标准

经济社会生产活动不仅会消耗一定的自然资源，同时也会带来一定的生态压力，尤其是在干旱、半干旱的柴达木生态特区，自然生态环境本身就很脆弱，随着经济的不断发展，该地区生态与社会经济的矛盾日渐凸显。因此，在两大系统耦合发展评判标准上，既要考虑经济发展水平状况，也要考虑生态环境的可持续发展。为更准确地反映两大系统的耦合关系和发展水平，本书以生态环境综合指数、社会经济发展综合指数和耦合度发展为基础，提出了生态与社会经济耦合发展的评判标准，具体情况如表5-14所示。

表5-14 生态与社会经济发展耦合评判标准

耦合发展度D	水平分类	f(x)与g(x)的对比	生态经济耦合发展模式
0.8≤D≤1	良好协调发展	g(y)/f(x)>1.2	良好协调发展经济主导型
		1.2≤g(y)/f(x)≤0.8	良好协调发展同步型
		g(y)/f(x)<0.8	良好协调发展生态主导型
0.7≤D≤0.8	协调发展	g(y)/f(x)>1.2	协调发展经济主导型
		1.2≤g(y)/f(x)≤0.8	协调发展同步型
		g(y)/f(x)<0.8	协调发展生态主导型
0.6≤D≤0.7	低水平协调发展	g(y)/f(x)>1.2	低水平协调发展生态滞后型
		1.2≤g(y)/f(x)≤0.8	低水平协调发展同步型
		g(y)/f(x)<0.8	低水平协调发展经济滞后型
0.5≤D≤0.6	轻度失调发展	g(y)/f(x)>1.2	轻度失调发展生态损益型
		1.2≤g(y)/f(x)≤0.8	轻度失调发展磨合型
		g(y)/f(x)<0.8	轻度失调发展经济滞后型
0.4≤D≤0.5	中度失调发展	g(y)/f(x)>1.2	中度失调发展生态损益型
		1.2≤g(y)/f(x)≤0.8	中度失调发展拮抗型
		g(y)/f(x)<0.8	中度失调发展经济损益型
D<0.4	严重失调发展	g(y)/f(x)>1.2	严重失调发展生态损益型
		1.2≤g(y)/f(x)≤0.8	严重失调发展拮抗型
		g(y)/f(x)<0.8	严重失调发展经济损益性

（四）柴达木生态特区生态环境与经济的耦合实证分析

本书根据式（5-8）、式（5-9）、式（5-10）、式（5-11）和式（5-12）逐步计算得出了柴达木生态特区生态环境综合指数f(x)、经济社会综合发展指数g(y)、综合评价指数T、耦合度C和耦合协调度D，其计算结果具体如表5-15所示。

表 5-15　　2008~2019 年柴达木生态特区生态与经济耦合协调度及类型

年份	f(x)	g(y)	综合评价值 T	耦合度 C	耦合协调度 D	g(y)/f(x)	耦合协调类型
2008	0.643	0.010	0.326	0.243	0.281	0.0155521	严重失调发展经济损益型
2009	0.598	0.075	0.336	0.629	0.460	0.1254180	中度失调发展经济损益型
2010	0.603	0.182	0.392	0.844	0.575	0.3018242	轻度失调发展经济滞后型
2011	0.517	0.435	0.476	0.996	0.689	0.8413926	低水平协调发展同步型
2012	0.576	0.586	0.581	1.000	0.762	1.0173611	协调发展同步型
2013	0.503	0.640	0.571	0.993	0.753	1.2723658	协调发展经济主导型
2014	0.491	0.665	0.578	0.989	0.756	1.3543788	协调发展经济主导型
2015	0.417	0.668	0.543	0.973	0.727	1.6019184	协调发展经济主导型
2016	0.434	0.769	0.601	0.961	0.760	1.7718894	协调发展经济主导型
2017	0.457	0.955	0.706	0.936	0.813	2.0897155	良好协调发展经济主导型
2018	0.465	0.965	0.7219	0.9369	0.822	2.075269	良好协调发展经济主导型
2019	0.472	0.979	0.7312	0.9370	0.828	2.074153	良好协调发展经济主导型

注：本书认为，经济发展与生态环境同样重要，故取 $\alpha = \beta = 0.5$。

根据柴达木生态特区生态环境与经济耦合协调发展的分析结果，本书以年份为横坐标，以综合评价指标为纵坐标，绘制出 2008~2019 年柴达木生态特区生态环境与经济综合评价曲线图，具体如图 5-5 所示。

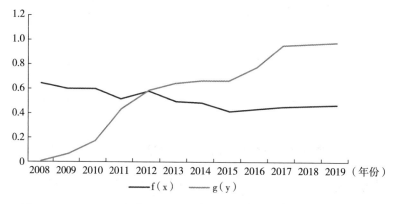

图 5-5　2008~2019 年柴达木生态特区生态环境与经济综合评价函数值

1. 2008~2019 年柴达木生态特区生态环境综合评价

由图 5-5 可以看出，2008~2019 年柴达木生态特区生态环境的综合评价函数值呈不断下降趋势。这说明，在经济快速增长的过程中，柴达木生态特区生态环境受到了一定的影响和破坏，生态环境质量呈不断退化趋势，生态环境综合评价指数由 2008 年的 0.643 下降到 2019 年的 0.472，年均下降率为 2.8%。虽然柴达木生态特区生态环境综合评价指数总体上呈不断下降趋势，但在 2015 年下降到 0.417 的最低值后，生态环境综合评价指数略有上升，到 2019 年上升到 0.472。虽然上升幅度不大，但这也说明柴达木生态特区在促进经济快速增长的过程中，由于注重了对生态环境的保护，因而使生态环境在一定程度上得以改善。

2. 2008~2019 年柴达木生态特区经济发展综合评价

柴达木生态特区在发展过程中抓住机遇，将资源优势转化为经济优势，大力发展优势产业，形成了以新能源、新材料、煤炭综合利用、高原特色生物等产业为主的产业格局。同时，柴达木生态特区还积极加强循环产业的建设，努力提高资源的循环再利用，大力发展生态农业和畜牧业，积极推进第三产业绿色服务业的发展，从而使柴达木生态特区产业格局得到进一步优化，这对促进地区经济的稳定增长和生态环境保护具有积极的推动作用。因此，2008~2019 年柴达木生态特区经济社会的综合评价指数间呈不断上升趋势，经济社会综合评价指数由 2008 年的 0.01 增加到 2019 年的 0.979，经济社会综合评价指数增加了 0.969，经济社会综合评价指数年均增长率为 51.7%，促进了柴达木生态特区经济社会的快速、稳定发展。柴达木生态特区经济的持续增长带来了物质资源消耗的增加，对生态环境造成的破坏与需求压力也与日俱增，导致 2008~2019 年柴达木生态特区生态环境的综合评价指数呈缓慢下降趋势。由此可见，柴达木生态特区经济社会的快速发展对生态环境造成了一定的需求压力。然而，柴达木生态特区在经济社会建设的过程中，由于积极采取措施，注重对生态环境的保护和合理开发利用，因而使柴达木生态特区生态环境的退化速度低于经济的增长速度，这为柴达木生态特区进一步实现经济社会与生态环境的和谐发展提供了相应的条件。

3. 柴达木生态特区生态与经济社会的耦合度评价

从柴达木生态特区生态环境与经济社会发展的耦合度来看（见图 5-5），2008~2019 年，柴达木生态特区生态环境与经济社会发展的耦合度在总体上呈先增长后缓慢下降的趋势。具体来看，2008~2012 年，柴达木生态特区生态与经济耦合度呈急速上升趋势，耦合度由 2008 年的 0.243 上升到 2012 年的 1.000，在此期间柴达木生态特区生态与经济社会的耦合度上升了 0.757，上升幅度较大，且年均增长率为 42.4%。这说明柴达木生态特区经济社会发展与生态环境保护之间的关系日趋协调，经济社会的快速发展促进了生态环境的保护与开发利用，生态环境又为经济社会的快速发展提供了丰富的物质资源和良好的环境条件。从 2013 年开始，柴达木生态特区生态环境与经济社会发展的耦合度开始呈缓慢下降趋势，由 2012 年的 1.000 下降到 2019 年的 0.937，年均下降率为 0.9%。柴达木生态特区经济社会的快速发展虽对生态环境造成了一定的负面影响，但由于柴达木生态特区注重生态环境保护，大力发展循环经济，使得柴达木生态特区生态环境的退化速度远低于经济的增长速度，柴达木生态特区生态环境与经济增长趋向于协调发展。

4. 柴达木生态特区生态与经济的耦合协调度分析

从柴达木生态特区生态与经济的耦合协调度来看（见图 5-6），2008~2019 年，柴达木生态特区生态环境与经济社会发展的耦合协调度呈不断上升趋势，且柴达木生态特区生态环境与经济社会发展的耦合协调呈现出七种不同的类型：

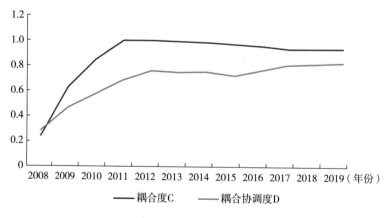

图 5-6　2008~2019 年柴达木生态特区生态与经济耦合度及耦合协调度

第一种类型是严重失调发展经济损益型。2008 年，青海省提出生态立

省的发展政策后，柴达木生态特区作为青海省生态文明建设的先锋试验区
积极响应青海省政府的号召，加大力度对一些传统的、高能耗、高污染的
企业和产能过剩的行业部门进行调整，实行严格的淘汰制。柴达木生态特
区的经济增长速度开始变得缓慢，经济社会综合评价指数 g(y) = 0.010 严重
低于生态环境的综合评价指数 f(x) = 0.643，经济社会的发展滞后于生态环
境的发展。同时，柴达木生态特区生态环境与经济社会发展的耦合协调度 D
为 0.281，小于 0.4 的判断标准，生态环境与经济社会发展处于严重失调阶
段。因此，2008 年柴达木生态特区生态环境与经济社会的耦合协调关系属
于严重失调发展经济损益型。

　　第二种类型是中度失调发展经济损益型。在经历了 2008 年产业结构的
大调整后，2009 年柴达木生态特区各行各业的发展开始走上了正轨。为促
进循环经济的发展，柴达木生态特区根据《青海省柴达木循环经济实验区
总体规划》的批示，对各行各业的循环发展做出了相应的规定，使柴达木
生态特区各行各业有序地走上了循环经济发展之路。2009 年柴达木生态特
区生产总值与 2008 年相比增长了 6.07%，经济社会综合评价指数为 0.075，
与 2008 年相比增长了 6 倍。虽然经济社会综合评价指数有所提高，但仍远
低于生态环境综合评价指数 0.598，且 g(y)/f(x) 的值为 0.1254，小于 0.8
的判断标准，2009 年柴达木生态特区生态与经济社会发展的耦合协调度仍
处于经济损益型状态。随着柴达木生态特区经济社会的发展，生态环境综
合评价值略有下降，但 2009 年柴达木生态特区生态环境与社会经济发展的
耦合协调度 D 为 0.46，处于 0.4≤D≤0.5 的判断标准区间范围内，属于中
度失调发展经济损益型。

　　第三种类型是轻度失调发展经济滞后型。为进一步促进柴达木生态特
区循环经济的发展和生态文明的建设，柴达木生态特区在总结经验的基础
上相继编制并出台了一系列政策措施，以促进柴达木生态特区循环经济的
发展。例如，《柴达木循环经济试验区循环经济产业发展指南》①《柴达木循

---

　　①　海西州 2010 年国民经济和社会发展计划执行情况与 2011 年计划草案的报告——2011 年 1
月 8 日海西州第十二届人民代表大会第七次会议。

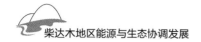

环经济试验区格尔木工业园察尔汗金属镁一体化工业园区控制性详细规划》①《天峻循环经济工业园规划》②《柴达木循环经济试验区优势产业投资机会研究》③《青海省柴达木循环经济试验区总体规划环境影响评价报告》④等，这些文件的发布极大地促进了柴达木生态特区循环经济的发展。因此，柴达木生态特区经济社会的综合评价指数由 2009 年的 0.075 上升到 2010 年的 0.182，生态环境综合评价指数也由 2009 年的 0.598 上升到 2010 年的 0.603。柴达木生态特区生态与经济社会发展的和谐度增强，经济社会发展与生态环境处于轻度失调发展阶段。2010 年，柴达木生态特区生态环境与经济社会发展的耦合协调度 D 上升为 0.575，处于 $0.5 \leqslant D \leqslant 0.6$ 的判断标准区间范围内，社会经济发展与生态环境的耦合协调关系处于轻度失调发展阶段。

第四种类型是低水平协调发展同步型。2011 年，随着柴达木生态特区经济社会的进一步发展，柴达木生态特区加大了基础设施建设力度，同时，为寻找新的经济增长点，柴达木生态特区开始大力发展生态旅游业，柴达木生态特区经济社会得到快速发展，经济社会综合评价指数比 2010 年增长了近 1.4 倍，经济社会发展综合指数上升为 0.435。经济社会的快速发展造成生态环境的压力进一步增大，2011 年柴达木生态特区生态环境的综合评价值为 0.517，比 2010 年下降了 14.26%。由于柴达木生态特区 $g(y)/f(x) = 0.8414$，在 $1.2 \leqslant g(y)/f(x) \leqslant 0.8$ 的判断标准区间范围内。因此，2011 年柴达木生态特区生态与经济发展处于低水平协调发展状态。经济社会与生态环境的发展逐步由无序的状态转向有序的状态，经济社会与生态环境的发展呈协调发展趋势。随着柴达木生态特区经济社会与生态环境之间的关系日趋和谐，生态环境与经济社会发展的耦合协调度也呈逐年上升趋势，2011 年柴达木生态特区生态环境与经济社会的耦合协调度 D 为 0.689，处于 $0.6 \leqslant D \leqslant 0.7$ 的判断标准范围内，生态环境与经济社会发展处于低水平协调发展阶段。

第五种类型是协调发展同步型。随着柴达木生态特区循环经济及生态

---

① ② ③ ④ 海西州 2010 年国民经济和社会发展计划执行情况与 2011 年计划草案的报告——2011 年 1 月 8 日海西州第十二届人民代表大会第七次会议。

文明体系的进一步稳定构建，柴达木生态特区在保持工业经济稳定运行的同时，出台了《关于做好 2012 年工业经济运行工作的指导意见》[①]，文件指出：加大对重点企业、产品项目的跟踪监测；为确保企业保产增产，实施"中小企业百户重点培育工程"；加大中小企业基础设施和公共服务平台建设；强化政府跟企业联席会议制度；认真落实银企信贷协议，解决企业融资难问题。同时，柴达木生态特区还研究制定了《关于做好 2012 年节能减排工作指导意见》[②]，围绕"十大节能工程"安排专项资金，引导和鼓励企业加快节能技术、装备技术改造集研发推广，使企业万元 GDP 的能源消耗下降，主要污染物得到有效控制。另外，柴达木生态特区还在其他方面采取了一系列措施：在农业方面，大力发展枸杞、马铃薯、油菜等特色产业，积极培育农牧业产业龙头企业，编制出台了《海西州统筹城乡一体化示范区发展规划实施意见》[③]，推进农村经济发展；在第三产业方面，大力发展金融服务业，积极培育生态游、自驾游、民族宗教文化游等新兴旅游产业，加快物流产业园区建设与发展，为柴达木生态特区经济增长提供良好的服务机制。正是在政府政策的大力支持和鼓励下，柴达木生态特区经济得到了进一步发展。2012 年，柴达木生态特区经济社会发展综合评价指数为 0.586，同时生态环境也得到有效保护，生态环境的综合评价指数比 2011 年增长了 11.4%，$g(y)/f(x) = 1.0174$，生态环境与经济社会发展进一步趋向协调化。2012 年，柴达木生态特区生态环境与经济社会发展的耦合协调度 D 为 0.762，处于 $0.7 \leq D \leq 0.8$ 的判断标准范围内，属于生态环境与经济社会发展协调发展同步状态。

第六种类型是协调发展经济主导型。随着柴达木生态特区循环经济的进一步推进，2013~2016 年，柴达木生态特区按照《青海省建设国家循环经济发展先行区行动方案》[④]，重点做实格尔木、德令哈工业园区，统筹推进大柴旦、乌兰工业园区，把发展循环经济作为壮大经济实力、加快转变发展方式的主动方向。面对宏观经济形势复杂多变，工业经济下行压力增大，经济社会发展受到影响的严峻挑战，柴达木生态特区把保持经济平稳运行作为首要任务，多措并举确保经济平稳回升：一是抓好措施落实，强

---

①②③④　海西州政府工作报告——2013 年 3 月 6 日十三届人大四次会议。

化要素保障，积极培育企业增量；二是抓产业促转型，使柴达木生态特区经济结构不断优化；三是进一步加快循环经济产业园区建设的步伐，引领地区经济稳定发展，在实现经济稳定增长的过程中，适度保护生态环境，使柴达木生态特区在生态综合评价值日趋下降的情况下，实现经济产出效益的最大化，进而使柴达木生态特区经济综合评价指数与生态环境的综合评价指数之间的差距拉大，柴达木生态特区生态与经济社会发展处于经济主导状态。2013～2016 年，柴达木生态特区生态环境与经济社会发展的耦合协调度 D 的值分别为 0.753、0.756、0.727 和 0.760，耦合协调度均处于 0.7≤D≤0.8 的判断标准区间范围内，处于生态环境与经济社会的协调发展阶段。因此，2013～2016 年，柴达木生态特区生态环境与社会经济发展的耦合协调类型属于协调发展经济主导型模式。

第七种类型是良好协调发展经济主导型。2017～2019 年，柴达木生态特区为进一步提升绿色经济产出效益，加快了产业集群建设的步伐，全力推进"五个千"产业集群，即千亿元产业集群、千亿元新材料产业集群、千万瓦级新能源产业集群、千万吨级高原油气田及油气化工产业集群、千亿元特色生物产业集群建设，以提升柴达木生态特区在青海省的经济地位。除此之外，柴达木生态特区还采取一系列措施：着力抓好产业项目建设，大力实施"绿色制造工程"，开展"工业节能绿色标准化行动"；积极推进碳排放权、排污权、用水权等交易试点，深入推进一批生态利用型、循环高效型、低碳清洁型、环境治理型绿色产业项目；积极打造国家循环经济示范区，为柴达木生态特区经济与生态的良性循环打下基础。因此，2017～2019 年，柴达木生态特区经济社会综合评价指数呈逐年上升趋势，且接近于 1，生态环境综合评价指数亦呈上升趋势，由 2017 年的 0.457 上升到 2019 年的 0.472。但由于 $g(y)/f(x)$ 的值均大于 1.2 的判断标准，因此，柴达木生态特区生态环境与经济社会发展处于经济主导型的发展状态。2017～2019 年，柴达木生态特区生态环境与经济社会发展的耦合协调度 D 由 2017 年的 0.813 上升到 2019 年的 0.828，处于 0.8≤D≤1 的判断标准区间范围内。因此，2017～2019 年，柴达木生态特区生态与经济社会发展的耦合协调水平属于良好协调发展状态。

（五）结论

第一，柴达木生态特区经济社会发展水平呈不断上升趋势。随着柴达木生态特区循环经济的发展及产业结构的调整，柴达木生态特区经济社会综合评价指数由 2008 年的 0.010 上升到 2019 年的 0.979，年均增长率为 51.7%，经济社会发展呈现出"跨越式"发展的势头。

第二，柴达木生态特区生态环境的脆弱性不断增强。随着柴达木生态特区经济的快速增长，资源的消耗与环境的污染也与日俱增，导致柴达木生态特区生态环境的综合评价指数呈下降趋势。虽然自 2010 年后生态环境综合评价指数有所上升，但由于生态环境具有消费的不可逆性，且生态环境的破坏具有累积效应，生态环境一旦受到破坏很难再恢复到初始状态，因此柴达木生态特区生态环境的脆弱性不断增强，这为柴达木生态特区社会经济可持续发展埋下了隐患。

第三，柴达木生态特区生态与经济社会发展的耦合度呈缓慢下降趋势。随着柴达木生态特区经济的快速增长，生态环境综合评价指数呈逐年下降趋势。2012 年，柴达木生态特区生态环境综合评价指数与经济社会发展综合评价指数的耦合度达到 1.000，此后柴达木生态特区生态环境综合评价指数与经济社会综合评价指数之间的差距开始逐渐拉大，导致柴达木生态特区生态环境发展滞后于经济社会发展。但可喜的是，从 2017 年开始，柴达木生态特区生态环境综合评价指数略有上升，说明柴达木生态特区不仅注重经济发展，也注重对生态环境的保护，这有利于柴达木生态特区可持续发展战略的实施。

第四，柴达木生态特区生态环境与经济社会发展的耦合协调度不断增强。通过对柴达木生态特区经济社会发展与生态环境的耦合协调度进行分析，我们发现，柴达木生态特区生态环境与经济社会发展的耦合协调度经历了严重失调发展经济损益型、中度失调发展经济损益型、轻度失调发展经济滞后型、低水平协调发展同步型、协调发展同步型、协调发展经济主导型、良好协调发展经济主导型这七个阶段。柴达木生态特区经济社会发展与生态环境的耦合协调度日趋和谐，说明柴达木生态特区在生态文明建设过程中逐渐走上了"以生态促经济，以经济保生态"的科学、合理的发展道路。

第六章
柴达木生态特区建设的
思路与保障措施

一、柴达木生态特区建设存在的主要问题

（一）柴达木生态特区能源的开发利用与经济增长存在粗放与集约并存的"二元性"

柴达木生态特区自 2005 年被确立为中国首批循环经济试验区以来，积极探索循环经济发展道路，并于 2006 年编制完成了《青海省柴达木循环经济实验区实施方案》，2008 年编制完成了《青海省柴达木循环经济实验区总体规划》，从而为保证柴达木循环经济试验区的建设提供了实施方案与生态布局。经过十几年的努力奋斗与探索，柴达木生态特区终于走出了属于自己的一条循环经济发展之路。然而，柴达木生态特区在循环经济发展过程中难免会存在一些不足和问题，其中能源与经济发展的"二元性"较为严重。本书在此处所指的"二元性"主要是指生产、消费的粗放性与节约性共存的现象。

1. 生产过程的"二元性"

柴达木生态特区在生态文明建设的过程中，为促进人与自然的和谐发展，以最小的资源环境付出获取最大的经济产出效益，采取一系列措施对能源的生产和消费结构以及产业结构进行了调整。但柴达木生态特区由于经济基础薄弱、生产技术水平落后，导致资源利用方式较为粗放，资源利用水平总体不高。党的十八大以来，中国提出要加强生态文明建设，并通过构建生态发展示范区，引领全国各地的生态文明建设，这对柴达木生态

特区的经济建设与发展起到了较大的引领和指导作用。在中国加强生态文明建设的背景下，在生态特区建设的方针政策指导下，柴达木生态特区在经济结构转型的过程中，采取了分步走的方式，逐步推进经济结构转型升级。因此，传统的生产模式与现代的循环经济模式两种生产方式并存，在经济生产与能源开发利用的方式上粗放型与节约型并存，使生产过程存在严重的"二元性"。柴达木生态特区无论是第一产业、第二产业还是第三产业，都存在民营、国企和股份制企业，由于其融资的规模、途径及能力不同，造成其生产能力不同。国有企业在政府的大力支持下，逐步转型，大力发展循环经济，成为柴达木生态特区循环经济的"领头羊"。一些规模较小的股份制民营企业，由于其融资相对比较困难，再加上生产技术水平落后，传统的、粗放的生产方式产出效益较低，造成资源浪费严重、能源消费较高、环境污染较重，对柴达木生态特区生态文明建设造成了较大阻力。柴达木生态特区依托能源资源的优势，大力发展能源产业，形成了以洗精煤、焦炭等为主的煤炭加工工业。然而在能源的生产过程中，基于逐利行为，一些小型的、技术落后的企业在能源生产中扮演了重要的角色，如木里煤矿，其矿区内大部分属于民营的小型煤矿，生产能力较低，技术水平较差，造成环境污染现象十分严重。虽然当地政府三令五申要求其改进生产方式，但仍无法改变其落后的生产行为，造成资源浪费和环境污染现象严重，对地方、国家生态保护与资源的开发利用造成了不可估量的损失，使柴达木生态特区碳排放量增加，生态足迹增大，生态安全度下降。

2. 消费过程的"二元性"

柴达木生态特区生产企业由于存在节约与粗放并存的现象，导致企业对资源的开发利用与消费也存在节约与粗放并存的现象。对于生产技术能力较强的企业，其通过生产设备和工艺流程的改进以及企业的内部循环提高了资源的利用效率和产出效益；对于循环能力低甚至不具备循环能力的企业，资源的浪费程度较高。从柴达木生态特区的能源消费状况可以看出，工业是柴达木生态特区能源消费的主力军，2019年，工业能耗占柴达木生态特区全社会能耗消费总量的84.44%。由于柴达木生态特区工业存在现代循环经济模式与传统低效模式相结合的现象，导致能源消费也存在集约和粗放并存的现象。柴达木生态特区能源消费需求的增加，碳排放量的增大，

对能源资源与生态环境造成了较大影响。柴达木生态特区能源消费量由
2008 年的 423.76 万吨标准煤上升到 2019 年的 1211.55 万吨标准煤，年均增
长率为 10.02%，人均碳排放由 2008 年的 7.07 吨上升到 2019 年的 17.56
吨，生态足迹由 2008 年的 8.2392hm²/人上升到 2019 年的 17.1946hm²/人，
生态安全由稍不安全转变为较不安全。虽然生态环境的消费具有不可逆性，
但随着柴达木生态特区循环经济的进一步推进，生态环境与经济的耦合协
调度却趋于协调。因此，柴达木生态特区应进一步加快循环经济建设的步
伐，以现代循环经济模式替代传统低效模式，这对柴达木生态特区生态文
明建设具有积极意义。

（二）柴达木生态特区各地区经济发展不平衡

柴达木生态特区自被确立为中国第一批循环经济试验点以来，依托其
资源优势，走上了循环经济发展道路。其中，格尔木市依托其丰富的油气、
钾盐等资源优势和便利的交通优势，形成了以盐湖化工、石油天然气加工、
有色金属冶炼和太阳能等为主的工业生产体系，2019 年格尔木市地区生产
总值达到 327.24 亿元，占柴达木生态特区生产总值的 49.13%，经济总量在
柴达木生态特区占有绝对优势。德令哈市形成了以两碱、煤基、硅系列新
材料、枸杞深加工、生物制药等为主的工业生产体系，2019 年德令哈市地
区生产总值达到 69.22 亿元，占柴达木生态特区生产总值的 10.39%。乌兰
县形成了以碱盐、新能源和生态畜牧业为主的产业格局，2019 年乌兰县地
区生产总值达到 16.53 亿元，占柴达木生态特区生产总值的 2.48%。大柴旦
依托其老工业生产基地的优势，形成了以碱盐、冶金、新能源和生态旅游
为主的产业格局，2019 年大柴旦地区生产总值达到 31.64 亿元，占柴达木
生态特区生产总值的 4.75%。都兰县依托其耕地资源优势，形成了以生态
农业、新能源和冶金加工业为主的产业格局，2019 年都兰县地区生产总值
达到 33.76 亿元，占柴达木生态特区生产总值的 5.07%。天峻县依托其有色
金属和非金属的资源优势做大做强了冶金业、矿产品加工业，同时依托其
生态畜牧业的优势，促进了特色畜产品加工业的快速发展，2019 年天峻县
地区生产总值达到 11.59 亿元，占柴达木生态特区生产总值的 1.74%。冷湖
和茫崖依托当地的资源优势形成了以铅锌矿等加工为主的工业生产格局，

2019 年冷湖和茫崖地区生产总值分别为 3.05 亿元和 48.43 亿元，分别占柴达木生态特区生产总值的 0.46% 和 7.27%。由此可以看出，不同地区之间的经济发展水平存在较大的不平衡性。

(三) 生态环境破坏、污染现象较为严重

柴达木生态特区地处青藏高原，空气比较稀薄，日平均气温较低，早晚温差较大，年均降雨量较少，太阳紫外线辐射较强，导致生物物种生长周期较长，生态环境显得十分脆弱。由于柴达木生态特区拥有丰富的矿产资源，在西部大开发的背景下，柴达木生态特区积极将资源优势转化为经济优势，开始进入经济快速发展时期。随着经济的快速发展，柴达木生态特区的资源消耗不断增加，由于其生产技术水平低下，且采取的是粗放式经济增长模式，因此造成柴达木生态特区资源浪费、环境污染和破坏的现象较为严重。柴达木生态特区污水排放量由 2008 年的 3408.89 万吨增加到 2019 年的 8972.53 万吨，年均增长率为 9.2%；二氧化硫的排放量由 2008 年的 25314.5 吨增加到 2019 年的 27611 吨，年均增长率为 0.79%；烟尘排放量由 2008 年的 13354.87 吨增加到 2019 年的 30243.51 吨，年均增长率为 7.9%；化学需氧量（COD）排放量由 2008 年的 9857.15 吨增加到 2019 年的 28475.32 吨；工业固体废弃物的产生量由 2008 年的 989.73 万吨增加到 2019 年的 12547.53 万吨。由此可见，随着柴达木生态特区经济的不断发展，"三废"的排放量在不断增加，耗氧量也在急速上升，对大气环境造成了一定的负面影响。同时，工业固体废弃物产生量成倍增长，对生态环境造成了一定的污染和破坏。环境的污染与破坏，使柴达木生态特区生态安全由 2009 年的稍不安全，转变为 2019 年的较不安全，生态环境趋于退化。

(四) 产业关联度不高，产能过剩现象严重

柴达木生态特区为加快地区经济建设的步伐，缩小与东、中部地区之间的差距，努力将资源优势转化为经济优势，并进行大规模的招商引资，加大生产性投入力度，固定资产投资由 2008 年的 125.5 亿元增加到 2019 年的 852.50 亿元，年均增长率为 19.03%。由于柴达木生态特区在循环经济发展初期开展的招商引资具有盲目性，既没有综合考虑招商引资项目与该地

区其他产业或行业之间的关联度，更没有考虑到招商引资项目彼此之间的关联度，因此导致柴达木生态特区行业之间的关联度较低。因此，柴达木生态特区企业生产出来的产品的衔接性不够，导致经济产出效益与预期的产出效益之间差距较大，经济产出效益相对较低，企业发展遇到的瓶颈、阻力较大，难以发挥最大产出效益。另外，柴达木生态特区重复性建设项目较多，造成结构性产能过剩现象严重。例如，在柴达木生态特区新能源产业发展政策的支持下，柴达木生态特区各地区积极投入到光伏、风能产业的建设中。由于当时国家电网的并购能力有限，使柴达木生态特区的光伏发电并网仅有 75% 被收购，弃电现象较为严重，尤其是大柴旦、乌兰等地区的光伏发电大部分都无法并入国家电网，只能自产自销，多余的光伏发电只能舍弃，造成大量光伏资源浪费。又如，凭借资源优势，柴达木生态特区各地区纷纷投入到盐湖化工的生产加工行列中，由于生产技术水平的制约，造成产品生产的类同性、重复性及低水平性现象严重，不利于盐湖化工产业的发展，也造成了资源的浪费。随后，柴达木生态特区对产业结构进行了调整，加大了对盐湖资源的循环利用，资源的浪费现象有所缓解，产能过剩现象也得到适度缓解。

（五）生产技术水平滞后，资源利用率低

由于经济基础薄弱，生产技术水平发展较为滞缓，导致柴达木生态特区资源利用率相对较低，资源浪费和环境污染现象严重。柴达木生态特区每年用于科研项目投入的经费相对较少，2019 年柴达木生态特区科研总投入（包括国家、省、地方投入）为 6700 万元，占当年 GDP 总量的 0.1%。2019 年，柴达木生态特区事业、企业各类专业技术人员为 8317 人，其中具有高级职务的有 1527 人，占专业技术人员的 18.36%。同时，柴达木生态特区科研能力较弱，成果转化率相对较低，2019 年，柴达木生态特区研究与发展成果总计 40 项，其中应用技术 38 项，基础科研 2 项。另外，柴达木生态特区企业技术自主创新能力也很有限，2019 年，柴达木生态特区规模以上工业企业 R&D 内部经费支出为 28868 万元；外部经费支出为 2290 万元；专利申请企业数为 280 件，已经实施的有 54 项；新产品开发经费为 14249.5 万元；新产品销售收入为 650514.5 万元，形成国家或行业标准的有 3 项。

虽然柴达木生态特区企业研发创新能力在青海省位居第一，但这与全国平均水平相比，仍然差距较大。由于柴达木生态特区生产技术水平滞后，导致资源的利用效率较低，工业固体废弃物产生量较大，2017年柴达木生态特区工业固体废弃物产生量为12419.53万吨，工业废弃物综合利用率为55%，与全国平均水平相比差距较大，资源浪费和环境污染严重，单位GDP能耗呈逐年上升趋势。

（六）市场机制不健全，生态环境治理波动性较大

柴达木生态特区在积极响应国家绿色发展及生态文明建设的过程中，走上了循环经济发展之路，在循环经济发展的过程中既有经验，也有教训。由于生产技术水平落后，生产的重复性较强，企业之间的关联度较低，造成柴达木生态特区企业生产的短期行为较为严重。柴达木生态特区生态环境开始退化，资源的浪费现象较为严重，生态安全度下降，这为柴达木生态特区生态经济的可持续发展埋下了隐患。究其原因，主要有两个方面：一是市场机制不健全。柴达木生态特区在生态文明建设过程中，为加强资源的合理流动，实现资源的优化配置，虽建立了资源产权交易所、排污权交易，但交易种类有限，规模较小，政府的指令性行为较为严重，使资源产权交易、排污权交易规模小，市场不活跃，资源很难得到优化和合理的流动，资源配置效率低。同时，由于市场监管机制不健全，监管不到位，监管执行力度不够，监管人员素质较低，导致市场在调配资源时，市场失灵现象严重，环境污染与资源浪费现象屡禁不止。二是由于政府的过度干预，导致循环经济的生产行为不是企业自发产生的，而是由政府干预所造成的，循环经济发展被动性强，造成企业适应能力较差，循环经济发展的持续性较差，因此，柴达木生态特区在产出效益增加的同时，生态环境的污染与破坏现象也与日俱增，生态环境的安全性日益下降，生态与经济的耦合度也不断下降，这为柴达木生态特区生态与经济的协调发展埋下了隐患。为此，柴达木生态特区应转变这种政府主导、企业参与的发展模式，积极构建政府引导、全民参与的发展模式，让企业、消费者和广大民众主动参与到生态文明的建设中来。另外，柴达木生态特区还应充分发挥市场机制的作用，通过市场调节生产者和消费者的行为，实现资源的有效配置

和合理运用，从而为柴达木生态特区进行生态文明建设奠定良好的基础。

二、柴达木生态特区生态文明建设的制约因素分析

在生态文明建设的道路上，影响柴达木生态特区建设的因素较多，本书在此采用因子分析法对其影响因素进行了分析，从而揭示出制约柴达木生态特区生态文明建设的主要因素。

（一）数据选取

本书中的数据来源于历年《海西州统计年鉴》。本书根据研究的需要采用因子分析法，选取 2008～2019 年柴达木生态特区 9 个相关指标的数据进行了分析，具体指标如表 6-1 所示。

表 6-1　柴达木生态特区生态文明建设的制约因素

年份	人均GDPx1	城镇居民可支配收入 x2	农牧民人均纯收入 x3	固定资产投资 x4	单位 GDP能耗 x5	科研投入经费 x6	研究和发展成果 x7	生态承载力 x8	废水排放总量 x9
	（元）	（元）	（元）	（万元）	（标准煤/万元）	（万元）	（项）	（hm²/人）	（万吨）
2008	62583	13522	3725	1255266	1.5516	2581	20	7.2747	3408.89
2009	65850	15077	4544	1338826	1.5973	3165	21	8.2235	5339.94
2010	53555	16759	5434	1782296	2.3208	4216	26	8.5450	6431.00
2011	73259	19007	6574	2680599	1.6483	3343	25	9.3315	7291.45
2012	75795	21252	7916	4015923	1.8120	6020	29	9.1963	7381.48
2013	77812	23399	9183	5100691	1.7557	6549	32	9.1593	7496.76
2014	78616	25453	10294	5384188	1.9086	10161	44	9.0429	8418.22
2015	81616	25419	10582	5059560	2.3065	4477	45	9.3006	9355.80
2016	90960	27720	11539	5599665	2.1928	5932	49	9.3260	10756.12
2017	100965	30233	12607	7001683	2.1119	8205	34	8.7045	8820.10
2018	116002	32721	13882	7638900	1.9735	15523	45	9.3148	8845.32
2019	128172	35219	15052	8525000	1.8188	6700	40	9.8893	8972.53

资料来源：历年《海西州统计年鉴》和历年《青海统计年鉴》。

（二） 实证分析

本书运用 SPSS 17.0 对统计数据进行 KMO 和 Bartlett 球形检验，其结果如表 6-2 所示。

表 6-2　KMO 和 Bartlett 球形检验

KMO 检验统计量		0.575
Bartlett 球形检验	卡方检验值	132.895
	自由度	36
	显著性	0.000

表 6-2 给出了 KMO 和 Bartlett 的检验结果，由结果可知：Bartlett 值为 132.895，Sig. <0.0001，拒绝原假设，即相关矩阵不是一个单位矩阵，故本书考虑进行因子分析；KMO 的值为 0.575，大于 0.5，说明对这些变量进行因子分析是比较适合的，因此本书对这些变量进行进一步分析。

表 6-3 给出了各经济指标的变量共同度。变量共同度的大小范围为 0 到 1 之间，变量共同度越大，说明因子包含的原变量信息越多。从表 6-3 可以看出，因子解释变量的方差大部分达到 0.9 以上，说明变量中的大部分

表 6-3　共同度

	最初的	提取
x1	1.000	0.907
x2	1.000	0.978
x3	1.000	0.985
x4	1.000	0.940
x5	1.000	0.955
x6	1.000	0.619
x7	1.000	0.811
x8	1.000	0.708
x9	1.000	0.881

注：提取方法为主成分分析法。

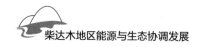

信息均能被因子所体现，所以此因子分析是有效的。

从表6-4给出的因子贡献率结果看，第一个因子的初始特征值为6.177，能解释的方差比例为68.631%，第二个因子的特征值为1.607，能解释的方差比例为17.856%，这两个因子的特征值均在1以上。因此，本书选取这两个因子作为主因子，这两个因子就足以描述经济的发展水平。

表6-4　主成分列表

成分	初始特征值			总方差解的情况			转轴平方负荷量		
	总计	方差 %	累计 %	总计	方差 %	累计 %	总计	方差 %	累计 %
1	6.177	68.631	68.631	6.177	68.631	68.631	5.926	65.841	65.841
2	1.607	17.856	86.487	1.607	17.856	86.487	1.858	20.647	86.487
3	0.792	8.797	95.284						
4	0.292	3.244	98.529						
5	0.066	0.733	99.262						
6	0.046	0.514	99.776						
7	0.019	0.216	99.992						
8	0.001	0.007	99.999						
9	0.00007836	0.001	100.000						

注：提取方法为主成分分析法。

表6-5给出了未旋转前载荷因子的矩阵，本书发现，在载荷因子未旋转前，在第一个因子中，影响作用最大的是x3、x2、x4，其分别为0.975、0.972和0.963；在第二个因子中，影响作用较大的是x5和x1，分别为0.976和0.559。但这并不能说明什么，在对因子进行旋转后，才能准确分析出影响因素主要有哪些。因此，本书对矩阵进行旋转，旋转后结果如表6-6所示。

表 6-5　成分矩阵表

	成分	
	1	2
x1	0.771	0.559
x2	0.972	−0.185
x3	0.975	−0.185
x4	0.963	−0.111
x5	−0.053	0.976
x6	0.784	0.069
x7	0.874	−0.217
x8	0.713	0.447
x9	−0.933	0.103

表 6-6　旋转后成分矩阵表

	成分	
	1	2
x1	0.619	0.724
x2	0.988	0.048
x3	0.991	0.049
x4	0.962	0.118
x5	−0.280	0.936
x6	0.746	0.251
x7	0.901	−0.006
x8	0.588	0.601
x9	−0.931	−0.118

表 6-6 给出了经正交旋转后的因子载荷矩阵，经过因子旋转，可以看出在第一个因子中影响较大的主要是：x3——农牧民纯收入，x2——城镇居民可支配收入，x4——固定资产投资，x7——研究与发展成果。其中，农牧

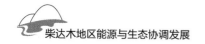

民纯收入和城镇居民可支配收入的影响最大，故本书将第一因子命名为收入因子。在第二个因子中，影响较大的主要有两个因素：x5——单位 GDP 能耗，x1——人均纯收入。其中，单位 GDP 能耗的影响最大，因此，本书将第二因子命名为能源消费影响因子。

（三）结论

通过因子分析法，本书得出了制约柴达木生态特区生态文明建设的因素主要有两个：第一个因素是收入因素。收入主要包括农牧民纯收入和城镇居民可支配收入。随着柴达木生态特区经济的快速发展，城镇居民的人均收入水平有所提高，2019 年，城镇居民的人均可支配收入为 35219 元，与青海省城镇居民的人均可支配收入相比高了 1068 元，在青海省位居第二，仅次于果洛。2019 年，柴达木生态特区农村居民可支配收入为 15052 元，比青海省农村居民人均可支配收入高 3262 元，在青海省位居第一。然而，随着柴达木生态特区人均收入水平的提高，当地居民对物质资源的需求也急速上升，2019 年，柴达木生态特区每天居民消费为 2625 万元，比 2018 年增长了 6.36%，由于需求的拉动，带动了企业的投资与发展，使柴达木生态特区经济增长呈需求拉动型增长趋势。同时，需求的增加带来了资源和生态环境需求压力的增加，导致柴达木生态特区生态环境的污染与破坏现象严重。2019 年，柴达木生态特区生活能源消费量为 46.37 万吨标准煤，占地区总能源消费量的 3.83%，比 2018 年生活能源消费量增长了 5.75%。柴达木生态特区为加快经济建设步伐，加大了固定资产投资，2019 年，柴达木生态特区固定资产投资比 2008 年固定资产投资增加了 5 倍多。固定资产投资的增加带来了企业生产规模的扩大及产出能力的提高，使柴达木生态特区经济产出效益增加，但同时能源消耗需求也在增加。2019 年，柴达木生态特区全社会能源消费量为 1211.55 万吨标准煤，比 2018 年增长了 2.39%，是 2008 年柴达木生态特区能源消费量的 1.9 倍。由于柴达木生态特区能源消费以化石性能源消费为主，导致生态环境的污染与破坏也随之增加，生态环境压力加大，生态环境处于很不安全的状态。第二个因素是能源消费因素。随着柴达木生态特区经济的快速、稳定发展，能源消费需求量也呈逐年上升趋势。柴达木生态特区能源消费需求量由 2008 年的

423.76 万吨标准煤上升到 2019 年的 1211.55 万吨标准煤，年均增长率为 11.67%。柴达木生态特区经济的生产总值由 2008 年的 273.11 亿元上升到 2019 年的 666.11 亿元，年均增长率为 8.44%。由于柴达木生态特区经济存在严重的"二元性"，导致能源的单位 GDP 能耗随社会经济发展呈缓慢上升趋势。2008 年，柴达木生态特区单位 GDP 能耗为 1.5516 吨标准煤，到 2019 年柴达木生态特区单位 GDP 能耗为 1.8188 吨标准煤，比 2008 年增长了 17.22%。这不仅造成对能源资源的消费需求增加，也给柴达木生态特区生态环境带来了安全隐患。

因此，柴达木生态特区在生态文明建设的过程中，首先应提高劳动者收入水平。根据马斯洛的需要层次理论可知，当人类低一级的需求得到满足时，人类就会产生更高层次的需求。目前，中国社会经济发展正处于高质量发展时期，社会主要矛盾已经转化为人民日益增长的美好生活需要和不平衡不充分的发展之间的矛盾。在我国社会主要矛盾转变的过程中，提高劳动者收入，转变人们的消费观念就显得尤为重要。随着劳动者收入水平的提高，人们的消费观念会随之转变，消费行为也会逐步趋向于理性化，这能为柴达木生态特区进行生态文明建设奠定良好的基础。其次应降低单位 GDP 能源消耗。这可以从两个方面着手：一是对一些生产方式比较粗放、生产呈现出高耗能、高污染的企业实行关、停、整改等措施，以减少对能源资源的消费需求，降低对生态环境的破坏与污染；二是提高单位资源利用率，这主要是通过技术引进和技术创新等手段来提高资源的开发利用效率。目前，柴达木生态特区企业自主创新能力与全国平均水平相比仍相对较弱，柴达木生态特区专业技术领军人才较为稀缺与匮乏，专业技术人才留不住，科研技术的转化率相对较低。另外，柴达木生态特区企业生产技术水平相对滞后，企业的粗放性生产行为仍普遍存在，导致柴达木生态特区资源的利用效率较低，单位 GDP 能耗较高，经济产出效率相对较低。因此，柴达木生态特区在能源与生态特区建设的过程中，应加强人才队伍的建设与管理，通过人才引进和本土人才培养相结合的模式，构建人才队伍；加大科研投入力度，加强科研技术成果转化率，走以科技促经济、以科技促发展的道路，为柴达木生态特区的建设打下坚实的基础。

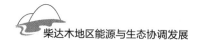

三、柴达木生态特区建设面临的机遇与挑战

（一）柴达木生态特区建设面临的机遇

1. 西部大开发政策的实施为柴达木生态特区经济的快速增长提供了政策支持

为促进中国经济的快速增长与发展，中国在区域经济发展方面提出了一系列战略，如优先发展东部地区、中部崛起、西部大开发等政策。为了鼓励支持西部发展，我国制定了西部大开发政策，对西部地区经济发展从财政、税收等各个方面给予支持，从而为西部地区经济的快速增长提供了有利的条件。青海省正是国家西部大开发政策支持的重要省份之一，柴达木生态特区作为青海省经济发展的重要力量，紧紧抓住时代的机遇，在国家政策的支持下，积极加强与东部、中部地区之间的联系，通过招商引资、项目合作等方式，增加了地方生产性建设投入，带动了地区经济的增长。这不仅解决了柴达木生态特区地方财政资金困难的问题，也适度增加了当地的劳动就业机会，为进一步提高居民收入、改善人们的生活质量奠定了基础。

2. "一带一路"建设，为柴达木生态特区的经济起飞提供了机遇和有利条件

经济的发展离不开技术的创新，柴达木生态特区在生态特区建设的过程中，由于经济基础薄弱，技术力量比较滞后，导致资源综合开发利用率较低，资源浪费现象严重，这些为经济的快速增长带来了一定的瓶颈与障碍。2013年，国家主席习近平在访问哈萨克斯坦、印度尼西亚期间，先后提出共同建设"丝绸之路经济带"与"21世纪海上丝绸之路"，共同构成"一带一路"重大倡议，其目的是在多双边贸易机制下，实现共同发展、共同繁荣。柴达木生态特区作为中国西北内陆地区，应抓住机遇，积极发展多双边贸易，互通有无，充分利用"两种资源，两个市场"，把国外先进的生产技术和设备引进来，提高资源综合开发利用能力，扩大市场占有率，从而为柴达木生态特区的经济起飞奠定良好的基础条件。

3. 中国区域经济发展的梯度转移为柴达木生态特区经济发展提供了发展空间

为缩小东部、中部、西部地区经济发展的差距，中国通过实施区域经济发展的梯度转移，来充分利用东部、中部地区的市场、资本、技术等资源，带动和拉动西部落后地区的经济增长，同时，利用西部丰富的自然资源满足东、中部地区经济发展的需要，以实现全国经济的互动与和谐发展。柴达木生态特区作为中国西部内陆地区，地理区位优势相对较差，基础设施落后，生产技术水平较低，自然条件较为恶劣。在这样的不利条件下，柴达木生态特区经济发展面临多种困境。中国实施的区域经济发展的梯度转移为柴达木生态特区经济发展提供了利好的机会，柴达木生态特区可以依托自身的资源优势，引进外部技术、设备、资金等，从而为柴达木生态特区经济的快速发展奠定基础；同时，柴达木生态特区还可以凭借资源优势，为东部、中部地区经济发展提供资源条件，为中国"西气东输""西电东送"工程提供资源保证，在此过程中柴达木生态特区也可以借此机会实现自我发展。由此可见，柴达木生态特区应抓住时代机遇，充分利用自身的资源优势，实现自我发展，以促进柴达木生态特区生态文明建设。

4. 循环经济的提出为柴达木生态特区实现能源、生态、经济的和谐发展提供了机遇

能源包括传统能源和新能源。其中，传统能源主要包括煤炭、石油、天然气、水电等；新能源主要包括太阳能、风能、潮汐能、生物质能等。在中国，传统能源是经济发展的支柱，而传统能源大部分属于化石性能源资源，其不仅具有不可再生性，而且在消费过程中会产生大量的废气和粉尘颗粒物，会对生态环境和大气造成不同程度的污染。中国本溪一度成为"卫星看不到的城市"，美国洛杉矶极光现象的出现，英国伦敦烟雾现象的出现，均是由于化石性能源资源的生产与消费过程中造成的大气环境污染所致。同时，由于化石性能源资源具有不可再生性，导致20世纪80年代美国能源危机爆发，给世界各国经济发展带来了一定的影响。因此，能源是国民经济稳定、健康发展的重要物质资源。在联合国环境与发展大会上通过的《21世纪议程》，将可持续发展作为世界各国经济发展的目标确定下来。中国于1994年通过了《中国21世纪议程》，并将可持续发展作为中国

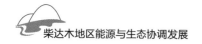

未来经济发展的目标确定下来。循环经济是实现人与自然可持续发展的重要途径之一，通过发展循环经济可以达到减排、减量、减耗的目的。因此，中国于2004年提出大力发展循环经济，2005年柴达木生态特区作为中国第一批循环经济示范区被确定下来。在发展循环经济的道路上，柴达木生态特区应在遵循自然规律的基础上，加大科技投入力度，积极引进先进的技术和设备，通过提高资源利用率，减少对资源的消耗与浪费，减少废弃物的排放，以达到对资源的高效、充分、合理的利用，减少对生态环境的污染与破坏，从而为柴达木生态特区实现人与自然的和谐发展奠定基础。

马克思在揭示人与自然的关系时，提出了"两种生产"理论，认为人类社会的发展应遵从于自然生态规律，人类在资源开发利用的过程中应遵循物质能量守恒定律，通过对排泄物的再循环利用，最终使人类生产、生活的排泄物回归自然，以保证人与自然的平衡。这种资源利用模式正是我们今天所说的循环经济模式。因此，发展循环经济是实现人与自然和谐发展的重要途径。柴达木生态特区应多措并举大力发展循环经济：抓住国家利好政策，充分利用国家政策上的优惠和财政资金的扶持，利用地区资源优势，借助外部资金、技术、市场等条件，发展壮大企业发展规模，提高企业自身资源循环利用能力，积极与外部合作，合理开发利用资源；大力发展新能源产业，多举措调整能源消费结构；积极促进低碳经济发展，在促进地区经济增长的同时保护好生态环境，不断提高资源利用效率，尽最大可能减少对生态环境的污染，促进人与自然和谐发展，最终实现资源、生态、经济社会发展的共赢。

5. 十九大报告关于能源、生态环境保护的政策为柴达木生态特区生态文明建设提供了良好的发展机遇

党的十九大报告指出，中国在生态文明建设上要进一步推进绿色发展，加快绿色生产和消费的法律制度和政策导向建设，建立健全绿色低碳循环发展的经济体系；发展壮大节能环保产业、清洁生产产业、清洁能源产业；努力推进能源生产和消费革命，构建清洁低碳、安全高效的能源体系。柴达木生态特区能源产业包括传统能源产业和新能源产业。新能源产业主要以风能和太阳能生产为主；传统能源产业主要以对传统能源的深加工为主。两者都是在发展绿色低碳的循环经济前提下进行生产的，这符合十九大报

告所提出的绿色发展理念，为柴达木生态特区能源产业的进一步发展指明了方向。

同时，在环境问题上，十九大报告提出我国要在以下几个方面积极采取措施：加快水污染防治，实施流域环境和近岸海域综合治理；强化土壤污染管控和修复；加强固体废弃物和垃圾处置；提高污染排放标准，强化排污者责任；实施重要生态系统保护和修复重大工程，优化生态安全屏障体系；等等。这些均为柴达木生态特区促进能源产业发展、生态环境治理与保护提供了政策上的支持。

因此，柴达木生态特区应抓住机遇，大力发展新能源产业，对传统能源产业进行精深加工，以提高资源利用效率；同时，加强对生态环境的保护与修复，建立生态主体功能区，对生态过于脆弱的地区实施必要的生态保护，在资源的开发利用中不仅要实现区内循环，更要体现"大循环"，以提高资源的利用效率和产出效率。

（二）柴达木生态特区建设面临的挑战

1. 生产技术水平的挑战

随着 21 世纪的到来，全球已进入一个高科技化、信息化的时代。柴达木生态特区虽拥有丰富的矿产资源，但在全球高科技化、信息化的潮流中，如何运用自身的优势，顺应时代潮流，是柴达木生态特区在生态文明建设的过程中需要深入思考的一个重要问题。柴达木生态特区地处中国西北部青海省海西州，其经济基础薄弱，生产技术水平较低，加之自然生态环境较为脆弱、恶劣，人才流失现象严重，高科技人才匮乏，人才储备能力低下，因此，柴达木生态特区生产技术水平与中国东部、中部地区相比发展较为滞缓，这对柴达木生态特区在西部大开发及"一带一路"建设的政策支持下，实现经济的腾飞造成了瓶颈和障碍。

从国际市场看，20 世纪 80 年代以来，国际贸易格局发生了变化，呈现出南南合作、北北合作的发展趋势，这对发展中国家的经济发展带来了较大的影响。为加强和发达国家的经济合作与交流，实施贸易往来，互通有无，满足发展中国家经济建设的需要，发展中国家必须提高生产技术水平，通过生产具有一定技术含量的高、中端产品，来占领市场，从而实现与发

达国家的经济合作与交流。20世纪90年代，在可持续发展的要求下，发展中国家在生产技术水平上面临着更大的挑战。发展中国家不仅需要提高产品的技术含量，还要遵循可持续发展的战略目标，在实现节能、减排、减耗的同时，注重生态环境的保护，实现生态、社会、经济的协调发展。因此，技术进步和技术创新成为发展中国家实现经济快速增长的重要途径。在"一带一路"、经济全球化及可持续发展的要求下，柴达木生态特区应加强技术改进与创新，顺应国际市场的发展需求，突破技术瓶颈制约，更好地利用国际市场，促进地区及国家经济发展。

从国内市场看，随着中国工业经济的发展，人们物质文化生活水平的提高，初级产品及技术含量低的产品市场日趋萎缩，加之人们生态环境保护意识的增强以及对生活品质高质量的追求，使企业在产品生产加工过程中，不仅要注重产品的质量、性能、功能，而且还要注重生产和消费的绿色性，这对企业的生产技术水平提出较大的挑战。因此，柴达木生态特区在产品生产过程中，应提高产品技术含量，提高资源利用效率，以顺应国内市场需求，生产适销对路的产品，在满足社会经济发展需要的同时，实现地区生态产出效益最大化。

2. 结构性产能过剩的挑战

柴达木生态特区在全球经济一体化及西部大开发政策的引导下，走上了轰轰烈烈的经济发展快车道。然而，在实现地区经济快速增长的过程中，柴达木生态特区虽依托资源优势促进了经济的快速增长，但由于生产技术水平较低，产品技术含量较少，产品主要以初级产品加工和原材料生产为主，资源浪费和生态环境污染与破坏现象较为严重。随着国内外两个市场需求的变化，中低端产品的市场需求日趋减少，这对柴达木生态特区工业企业的生产与加工形成了一定的技术压力；由于柴达木生态特区工矿企业产品结构单一，产业链过短，重复性生产建设项目过多，产品技术含量较低，导致地区结构性产能过剩现象较为严重，这为该地区经济的进一步稳定发展埋下了隐患。例如，在盐湖资源的开发利用上，由于中国矿产资源具有较高的伴生性特点，因此柴达木生态特区盐湖资源的伴生性也较高，其不仅含有丰富的钠、钾、镁、锂，而且还含有硼、铷、铯、溴等多种元素。由于受到生产技术水平的制约与限制，柴达木生态特区对盐湖资源的开发利用主要以钾盐、钠盐、碱盐及镁、锂的提取生产为主，造成各地区产品生产的类同性及资源的浪费程度较高，生产的产能过剩现象较为严重，这不利于柴达木生态特区经济的稳定发展。因此，柴达木生态特区应科学合理调整产品结构，努力延长产品产业链，加强产品精细加工，防止柴达木生态特区出现结构性产能过剩现象。

3. 可持续发展的挑战

自 20 世纪六七十年代罗马俱乐部成立以来，生态、经济、资源问题受到了理论学界的高度重视，80 年代布兰特仑夫人在《我们共同的未来》中提出可持续发展，90 年代在巴西里约热内卢召开的"环境与发展"大会上，183 个国家和 70 多个国际组织通过了《21 世纪议程》，将可持续发展作为全球经济发展的战略目标确定下来。1992 年 8 月，国务院批准发布的《中国环境与发展十大对策》明确指出，走可持续发展道路是中国当代以及未来的必然选择。1994 年 3 月，国务院第 16 次会议通过了《中国 21 世纪议程——中国 21 世纪人口、环境与发展白皮书》。2003 年 1 月，国务院发布了《中国 21 世纪初可持续发展行动纲要》，明确了实施可持续发展的战略目标、基本原则、重点领域及保障措施。其中，重点领域包括大力改善能源结构，提高能源效率，加强森林、草地、矿产和气候等资源的可持续利用等。柴达木生态特区作为中国循环经济的先锋试验区，应努力探寻符合该地区实际的循环经济发展模式，提高资源利用效率，减少和降低对生态环境的污染与破坏，在实现经济效益最大化的同时，保护生态环境，以达到生态与经济发展的共赢。同时，柴达木生态特区还应加强对能源的合理开发利用，大力发展新能源产业，以清洁型新能源逐步替代传统化石性能源资源，在保证能源资源有效供给的同时，实现能源的经济效益与生态效益的最大化，促进地区生态文明建设。

4. 全球经济一体化的挑战

20 世纪 80 年代，全球经济开始步入一体化发展阶段。在全球经济一体化发展的趋势下，跨国公司作为经济全球化的急先锋，开始在世界各国蔓延开来。跨国公司规模的发展与壮大，给世界各国社会、经济、文化等带来了较大的冲击和市场竞争压力。这就需要世界各国根据本国国情，调整自身产业结构与产品结构，降低单位产品生产成本，提高产品质量、性能

与功能,提高产品在国际、国内两个市场上的竞争力。柴达木生态特区由于专业技术人员匮乏,产品技术含量较低,产品生产多以中低端产品为主,市场竞争力较弱,故而经济全球化的发展对柴达木生态特区经济发展带来了一定的挑战。因此,柴达木生态特区应依托资源优势顺应世界经济发展潮流,提高产品的生产技术水平,提高产品的科技含量,增强产品的国际市场竞争力。

四、柴达木生态特区建设的思路

2005 年,中国提出生态特区建设的指导思想与发展理念,并提出 13 个地区作为中国生态特区建设的急先锋及示范区。柴达木生态特区作为中国西部地区唯一一个生态特区,其不仅肩负着保护"三江源"及青藏高原生态安全屏障的重任,也肩负着国家资源安全储备的重任。因此,柴达木生态特区如何将资源优势转化为经济优势,合理进行中国资源安全储备,且最大限度地保护中国生态环境,推动"蓝天白云"工程,实现人与自然的和谐发展,就显得尤为重要。

柴达木生态特区建设既要以科学的生态文明建设理论为指导,也要体现出经济文明建设的特性,对此,本书提出以下几点发展思路:

第一,进行制度体系的创新,完善市场机制,对柴达木生态特区生态文明建设形成巨大的"推动力"。制度能对人们的生产活动行为起到规范、约束的作用,以保证双方既得利益的获取,因此,舒尔茨也将制度称为"游戏规则"。在中国现代工业经济高速发展时期,柴达木生态特区要抓住机遇,实现经济的腾飞,必须建立健全各项法律规章制度,以保证经济的有序发展:①强化法制建设,通过地方性专项立法,规范生产活动行为;②完善柴达木生态特区生态文明建设的运行机制,在充分了解生态容量和生态承载力的基础上,完善生态补偿机制和节能减排分配机制,通过政府财政性转移支付,满足柴达木生态特区的建设需要;③完善市场要素配置机制,通过价格机制实现柴达木生态特区资源优化组合,提高环境保护能力。

第二,深化生态产业建设,促进生态文明建设。首先,加快生态产业培育步伐，积极走新型工业化道路，大力发展生态农业，减少和降低对生态环境的污染和破坏，促进工业结构、产业结构调整，实现产业结构的合理化。这样不仅会产生一定的经济效益，也会产生一定的生态效益，促进柴达木生态特区生态与经济的和谐发展。其次，大力发展循环经济，提高资源的综合利用率，减少和降低单位资源的消耗与污染，以缓解人类需求的无限性与生态环境的有限性之间的矛盾。最后，加强生态环境基础设施建设，通过水利设施、铁路设施、城市环保、公共交通等基础设施的兴建，为柴达木生态特区建设提供服务保障。

第三，积极开展生态文化建设。首先，加强思想教育宣传，强化民众生态环境保护意识，培育民众绿色消费行为；其次，引导企业绿色生产，强化文化、公共服务能力建设；再次，充分发挥图书馆、科技馆、博物馆等宣传作用，满足人民群众对精神文化的需求；最后，加强湿地公园、森林公园、矿山公园等建设管理，弘扬生态文明。

第四，加强保障体制建设，为生态文明建设提供基础服务。生态特区建设不仅需要制度体系创新为其保驾护航，还需构建一系列的保障体制为柴达木生态特区生态文明建设提供有力支持，主要包括：金融保障体系的建设、技术保障体系的建设、人才保障体系的建设和生态保障体系的建设等。

金融保障体系的建设。一个国家或地区的经济发展离不开资本，生态特区建设与以往传统的社会经济建设不同，其是在遵循大自然生态规律的基础上，对自然资源进行集约式开发。这就需要在生态特区建设的过程中，加大资金投入力度，引进新的生产技术和设备，改变以往粗放的经济增长模式，实现专业化、集约化开发利用，提高资源的单位利用效率，减少和降低对生态环境的破坏与污染。目前，柴达木生态特区建设的资金来源较为单一，光伏、石油、化工产业以国家投资为主，企业的市场适应能力较强，有利于企业实施规模化、集约化生产。其他一些中小型企业主要以民营股份制企业为主，资金量有限，导致这些化工企业生产技术设备较为落后，资源利用率较低。它们在生产过程中不可避免会产生一些污染和浪费现象，它们与大型国有企业在生产技术水平和能力上形成较大反差，落后产能较多，发展质量和效益不高，竞争力不强。因此，应加大金融体制改

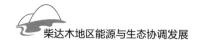

革，为民营企业提供更多的融资渠道，促使柴达木生态特区建设主体趋向于多元化发展。

技术保障体系的建设。技术是企业的生命力，也是企业生产的核心。柴达木生态特区在生态文明建设的过程中，不仅要体现出生产的经济价值，也要体现出生产过程的生态价值。因此，柴达木生态特区应通过技术改进与创新，提高单位资源利用效率，减少对资源的浪费和废弃物的排放，由原来粗放的生产模式向以科学技术促进生产，以技术保护环境的生产模式转变，实现柴达木生态特区生态与经济发展的"双赢"。

人才保障体系的建设。柴达木生态特区地处青藏高原，大气稀薄，太阳紫外线较强，昼夜温差较大，气候环境较为恶劣，加之经济发展滞后，因此，柴达木生态特区留不住优秀人才，"孔雀东南飞"现象较为严重，影响了柴达木生态特区经济的稳定发展。柴达木生态特区应改变人才引进机制，在大力引进优秀人才并积极采取措施留住人才的同时，积极培养本土人才，以满足地区经济发展对人才的需求。

生态保障体系的建设。生态环境是人类赖以生存和发展的重要基础条件。柴达木生态特区在生态文明建设的过程中应在遵循自然生态规律的前提下，对柴达木生态特区生产活动行为进行适度调整，在保证生态安全的前提下，进行生态文明建设，促进人与自然的和谐发展。

五、柴达木生态特区建设的模式选择

经济的增长离不开能源，能源为经济增长提供了能动的生产要素。然而，在经济建设的过程中，随着能源消费需求的不断增加，造成的生态环境的污染问题也日趋严重，生态环境遭到进一步破坏，对社会经济发展形成一定的瓶颈与制约。因此，促进能源资源与生态环境、经济的协调发展是十分必要的。

为保证中国生态文明建设的顺利、有序进行，生态特区作为急先锋，起到了模范带头的作用。生态特区建设秉承统筹兼顾、科学发展观的理念，将生态文明的思想与理念融入到社会、经济、文化、政治发展的全过程，建设"美丽中国"，通过人与自然的和谐发展，最终实现经济效益、生态效益和社会效益的最大化。

柴达木生态特区地理位置较为特殊，既是连接新疆和西藏的纽带，也是中国通往东南亚的桥梁，对于民族团结稳定具有重要的意义。同时，由于柴达木生态特区不仅肩负着中国"西气东输""西电东送"工程的重任，也肩负着中国"三江源"生态环境保护的重任。因此，柴达木生态特区在保证能源安全的同时，应注重生态环境的保护，以实现能源、生态和经济的和谐发展，为中国生态文明建设保驾护航，也为柴达木生态特区社会经济的稳定发展提供有力保障。

（一）国内外生态文明建设的经验及启示

国外生态文明建设的实践比国内起步要早，有些国家和地区在生态文明建设方面已经积累了一些经验。本书在此分别对美国、德国、日本等国的经验，以及中国福建、海南生态文明建设的经验进行阐述，并提出国内外生态文明建设对柴达木生态特区建设的启示。

1. 国外生态文明建设的经验

18 世纪工业革命以来，工业化及城市化给人们带来了巨大的物质享受，但就在人们尽情享受着工业文明带来的便利的同时，人口、资源与环境不协调的问题越来越严重，环境问题已经威胁到人类自身的生存与发展。尤其是在 20 世纪中期，西方工业化国家先后发生了严重的环境污染事件，人们越发意识到工业化的弊端。因此，各国科学家、经济学家和社会学家等开始探索工业文明之后新的生态文明形式或社会形态，并从理念、制度、政策等层面对工业文明进行反思，产生了许多有价值的思想。例如，很多学者从"人类中心主义""唯发展主义"和"科技至上"等方面，提出了对工业文明的批判。针对工业文明带来的危害，戴利、鲍尔丁、尼克斯等学者提出了"稳态经济"理论；为促进经济增长与环境保护的有机结合，德国学者耶内克提出"生态现代化"理论；为调整人与自然的关系，美国环境主义者利奥波德将伦理学引入到人与自然的关系和生态学中，形成生态伦理学等。在实践方面，为促进人与自然的和谐，保护生态环境，西方工业化国家纷纷采取相应措施，缓解人与自然的矛盾问题，构建人与自然的和谐发展模式。其中，比较典型的主要有美国、德国和日本。

美国：在寻求生态环境保护与生态文明建设的科学道路上，美国走到了世界的前列。美国通过建立和完善各种环境政策以保护生态环境。在土地生态修复上，1977年，美国颁布了《露天矿矿区土地管理及复垦条例》①，其规定：矿区开采实行复垦抵押金制度，对没有完成计划的，将其押金作为第三方复垦企业资助金使用，这极大地制约了生产企业的不良行为。在排放税上，1990年，美国推出了二氧化硫排污权交易政策，有效地抑制了美国生产企业二氧化硫的排放量。在生态补偿上，美国政府借竞标机制和遵循责任主体自愿的原则，确定了各地区自然环境与经济发展相适应的租金率，以此来确定生态补偿标准。在流域生态补偿上，美国主要采取政府承担主要补偿金的方法来化解政府和地方之间的矛盾。在能源战略上，美国通过财政手段，对节能减排及可再生能源开发利用企业实施政策倾斜。为减少石油对外依存度，实施能源供给的多样化，2005年，美国前总统布什签署了 *Energy Policy Act of* 2005，并在2006年发布的 *State of the Union Address* 一文中宣布了"先进能源计划"，使太阳能成为美国能源产业的一个重要板块。

德国："二战"后，德国靠重工业和制造业恢复了经济发展，但同时也对河流、水、大气造成了不同程度的破坏与污染，为了解决生态环境污染问题，德国采取强制性控制政策，使大气、水资源的污染得到有效控制。20世纪80年代，德国在大气和水污染方面的环境政策从强制性控制逐步转向预防和合作，希望从源头上避免污染和废物的产生，成立了专门的环保部门，使得德国大气、水环境处于良性循环状态。同时，在资源的循环再利用上，1996年，德国发布了《循环经济与废弃物管理法》②，对生产者的产品生命周期及废弃物处置问题进行了规定，其中，对废弃物处置的先后顺序规定：避免产生—循环使用—最终处置，从而最大限度地解决了废弃物的处置问题，减缓了废弃物产生的速度。目前，废弃物的处置已成为德国的支柱产业，年均营业额为410亿欧元，这不仅治理了生态环境污染问题，也解决了资源废弃物的再利用，缓解了资源需求压力；同时，还解决了劳

① 赵景逵，朱荫湄．美国露天矿区的土地管理及复垦 [J]．中国土地科学，1991（1）：31-33.
② 杨俊玲．德国产品包装回收经验及启示 [J]．当代经济，2019（3）：112-114.

动就业问题，实现了德国经济、资源、生态环境的良性循环。

日本：日本是个岛国，物质资源相对匮乏。为摆脱资源困境，日本早在 20 世纪就已开始寻找新的经济发展模式，大力建设生态文明。在环境保护方面，1993 年，日本颁布了《环境基本法》，在明确环境保护基本方向的同时，将环境污染控制、生态环境保护和自然资源保护统一纳入其中。2000年，日本政府为推动环境与资源保护及合理利用，提出构建循环经济社会，并颁布了《建立循环型社会基本法》①。为促进环境友好型商品与销售服务，推进资源循环再利用，日本政府分别制定了《绿色采购法》《资源有效利用促进法》《促进包装容器的分类收集和循环利用法》《家电再生利用法》《建筑材料再生利用法》《食品再生利用法》和《报废汽车再生利用法》等，有效地推进了日本循环经济的建设。日本在加强构建循环社会的基础上，大力发展低碳经济。1997 年，日本政府先后建立了 26 个生态工业园区，采取政府主导、学术支持、民众参与、企业运作的模式，通过构建产学研一体化的生态园区，将技术研发与生产紧密结合，大大提高了资源利用效率，使日本的循环经济发展卓有成效②。

综上所述，美国、德国、日本三国在生态文明建设方面体现出了不同特点。美国的特点是：①在制度法规体系上，通过颁布相应的法律、法规、政策，规范企业的生产行为，保护生态环境。②在生态文明建设上，采取政府引导、企业参与的模式。③在产业布局上，合理规划，引导产业、行业发展。德国的特点是：①政府制定各项政策、法规，采取严格的控制和约束机制，规范企业和公众的生产行为、消费行为，为促进生态文明建设打下坚实的基础。②在生态文明建设过程中，德国充分发挥政府引导机制的作用，大力发展循环经济产业，使循环经济产业成为德国主导产业，大大降低了对资源的消耗和对环境的污染。日本的特点是：①颁布相应的法律、法规、政策，促进循环经济发展，通过一系列生产法、消费法及循环再利用法，规范生产企业的生产行为和消费者的消费行为，减少资源浪费，保护生态环境。②大力发展循环园区经济，提高资源利用效率，减少和降

---

① 吴真，李天相. 日本循环经济立法借鉴 [J]. 现代日本经济，2018，37 (4)：59-68.
② 董联党，顾颖，王晓璐. 日本循环经济战略体系及其对中国的启示 [J]. 亚太经济，2008 (2)：68-72.

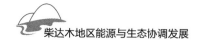

低对资源的消耗和环境污染。③积极采用产、学、研三位一体的合作机制，提高经济效率，减少环境污染。

由此可以看出，美国、德国、日本三国在生态文明建设的道路上，分别结合本国国情走出了各具特色的发展之路。

2. 国内生态文明建设的经验

中国在工业化发展的过程中，早期由于过于追求社会财富的增长导致对自然、生态环境索取太多，致使生物多样性锐减，土地沙漠化、盐碱化速度加快，江河湖泊受到不同程度的污染与破坏，生态服务功能削弱等。这对中国社会经济的可持续发展形成了一定的阻力。近年来，尤其是从党的十七大开始，特别是十九大以来，中国开始大力推进生态文明建设，并把生态文明建设融入到政治建设、经济建设、文化建设、社会建设的各个方面和全过程，从而形成了具有中国特色的生态文明建设实践。例如：为解决"城市病"问题，大力推进城乡生态文明建设，实现农村和城市生态、经济互赢，采取城乡一体化发展模式；在生态文明建设过程中，不仅要实现区域可持续发展，也要服从国家生态文明建设的全局，为此，中国对重点区域加强生态文明建设；为保护水资源，改善水环境，修复水生态，中国通过"河长制"的探索，全面建立省、市、县、乡四级河长体系，构建责任明确、协调有序、监管严格、保护有力的河湖管理保护机制，为维护河湖生命健康，实现河湖功能永续利用提供制度保障；为规范人们的生产活动行为，促进中国生态文明建设，中国通过生态文明制度建设，把资源消耗、环境损害、生态效益纳入经济社会发展评价体系，建立生态文明建设的目标体系、考核办法、奖惩机制等；建立健全国土空间开发保护机制、资源使用有偿制度、生态补偿制度、资源环境领域的市场化机制、环境损害赔偿制度和生态环境保护责任追究制度等，以促进中国生态文明建设的有序进行。

在生态文明建设的探索之路上，中国自2000年提出生态文明建设的理念以来，全国各地纷纷采取相应措施，探索生态文明发展之路。其中，比较典型的地区主要有福建省和海南省。本书在此对这两个省份的发展经验进行总结，具体如下：

海南：1999年，海南省率先提出生态立省的发展战略。2000年，海南省以"建设生态环境，发展生态经济，培育生态文化"为发展战略，开始创建生态文明村，使海南省的乡村容貌得到了大大改善，并极大程度地提高了公众参与生态文明建设的积极性和主动性。2012 年，海南省在第六次党代会上提出"可持续发展，绿色崛起"的发展战略，为海南省生态立省指明了发展道路。为实现生态立省，进行生态文明建设，海南省相继出台了一系列相关政策措施，以确保生态文明建设顺利进行。2007 年，海南省制定并修订了《海南省环境管理保护条例》，对大气、水的质量实施监控管理，为海南省推动蓝天白云工程奠定了基础。2008 年，海南省通过修订《海南经济特区土地管理条例》，对土地使用、管理做出了明确规定，以合理规划土地使用，确保土地生态安全。2009 年，海南省修订了《海南省矿产资源管理条例》，对矿产资源的开发、生态修复与保护做出了明确规定，以确保矿产资源的可持续开采。2010 年，海南省又修订了《海南经济特区水条例》《海南省林地管理条例》《海南省沿海防护林保护管理办法》《海南经济特区农药管理若干规定》等政策法规，规范各种资源的开发利用行为，为海南省资源、生态、环境的可持续发展奠定了基础。正是由于这一系列的法令、法规、政策的出台与实施，保证了海南省生态文明建设的持续、有效进行。

福建：与国内其他省份相比，福建生态文明建设的探索之路起步较早，早在 2000 年习近平同志任福建省省长时，就已经开始规划生态文明建设。2002 年 7 月，福建省建成了以习近平为组长的生态建设领导小组。2004 年，在全面调研的基础上，福建省委、省政府印发了《福建生态省建设总体规划纲要》，对福建省生态状况、经济条件进行了全面综合的考量，对生态功能区进行了细化，明确了责任分工，并制定了各区域的发展战略目标。2006 年，福建省办公厅印发了《福建省人民政府办公厅关于生态省建设总体规划纲要的实施意见》，明确提出了"十一五"期间福建省各职能部门的工作职责。2010 年，福建省又印发了《福建生态功能区规划》，明确各地区在全省生态安全建设中的地位和作用，评估了各地区资源、经济的优劣势，为各地区生态、经济建设提供了依据、目标与方向。2014 年，福建省出台了福建排污许可证管理办法，对排污实行严格监控与管理，使福建省成为全国唯一一个水、大气等生态环境状况全优的省份。

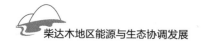

综上所述，不难看出，中国在生态文明建设的道路上，虽起步较晚，但取得的成效却是不容忽视的。在生态文明建设的探索之路上，很多地区结合自身生态、环境、资源、经济运行的状况及特点，总结规律，并在此基础上采取相应的政策、法律、法规等措施，规范企业和社会公众的行为，最大限度地保护了资源、生态环境，促进了人与自然的和谐发展。

3. 国内外生态文明建设对柴达木生态特区建设的启示

国内外生态文明建设的经验，给柴达木生态特区建设带来了多方面的启示，主要包括以下几点：

第一，政府在生态环境保护中应发挥重要的引导作用。柴达木生态特区在生态文明建设的过程中，应积极转变政府职能，由政府主导型转变为政府引导型。政府应借助各种宣传途径对民众进行宣传教育，唤醒民众的生态环境保护意识，促使民众主动改变自身行为，进行绿色消费，让民众主动参与到生态环境建设中来，群策群力充分发挥民众的监督作用，让民众和政府一起对生产企业的生产活动及行为进行监督；另外，还要建立健全市场机制，充分发挥价格杠杆机制的作用，通过市场调配资源，实现对资源、环境的合理保护。

第二，应建立、健全法律、法规保障体系。法律规章制度能够对人们的生产活动行为起到约束作用，是保护企业、个人和国家利益的重要工具。无论是美国、德国、日本，还是中国海南、福建，我们都可以从中看出，法律规章制度体系的建立与完善，不仅对社会经济发展具有很好的引领和监督作用，而且能促使生产者和消费者规范其自身行为，为绿色低碳经济的发展奠定良好的基础条件。因此，柴达木生态特区在生态文明建设过程中，应充分发挥法律、法规、政策制度对人们行为的引领作用，建立健全各项法律法规制度，在国家《环境基本法》和省级环境经济政策的基础上，因地制宜地制定符合柴达木生态特区实际的生态环境法，加强排污权许可证制度交易的管理，以确保柴达木生态特区生态环境、资源在良性循环的基础上产生一定的经济效益。同时，柴达木生态特区还应制定详细的水资源、土地资源、森林资源、草地资源等各类资源利用的规章制度，实行岗位负责制，与地区政府行政业绩挂钩，使各项规章制度在实施过程中，掷地有声，落到实处。柴达木生态特区还应制定并修订柴达木生态特区各类矿产资源管理办法及条例，从而为柴达木生态特区资源循环利用提供有力保障。

第三，应实行与倡导循环经济发展模式，强调与重视资源和废弃物的高效利用。柴达木生态特区在生态文明建设的过程中，应借鉴德国、中国福建及海南的运作模式，大力发展循环经济。这不仅需要柴达木生态特区制订出符合当地实际的生态、资源与经济和谐发展的循环经济方案，而且还需要其通过建立循环工业园区，实现环境资源利用效率最大化。这种园区经济有别于过去传统的园区经济，它是在产业之间存在联系效应的基础上，通过对资源、副产品的循环利用，提高单位资源综合利用效率；通过资金、技术、设备、人才等的集聚与共享，产生规模经济效应。因此，柴达木生态特区应合理规划，通过引进高科技人才、技术、设备等，把生产具有前后向联系的相关行业部门聚集起来，最大限度地提高资源综合开发利用效率，减少和降低废弃物的排放与污染，实现柴达木生态特区经济效益和生态效益的双赢。

第四，不断强化公众的环保意识。生产是为了满足消费者的需求，满足民众生活需要而进行的生产活动，因此企业生产出的产品最终应服务于消费者。为此，柴达木生态特区应加强生态文明建设的文化、思想和理论的宣传，借助学校、报纸、杂志、广告、文化媒体等多种宣传手段，对广大民众进行思想宣传与教育，以唤醒公众的环保意识。此外，柴达木生态特区还可以通过一些工矿企业博物馆、科技馆、生态旅游纪念馆等的建设，让公众身临其境地感受到生态环境破坏对人类生产、生活带来的巨大影响，从而唤醒民众的环保意识，这对柴达木生态特区的建设具有积极的推动作用。

（二）柴达木生态特区建设的模式选择

柴达木生态特区作为2005年中国西部唯一一个生态特区，其生态文明建设对国家和地区社会经济发展均具有重要的战略意义。柴达木生态特区不仅肩负着保护中国"三江源"生态安全屏障的重任，也肩负着中国西部资源储备的重任。本书通过对柴达木生态特区能源与经济增长之间的关系、能源开发利用对柴达木生态特区生态环境造成的影响进行分析，对柴达木

生态特区生态安全状况、生态与经济的耦合进行评价，并结合国内外生态文明建设经验的总结，认为柴达木生态特区生态文明建设应主要采取以下几种模式：

1. 采取政府引导，政府、市场、民众合作参与的模式

所谓政府引导模式，是指在生态文明建设的过程中，政府不再是生态文明建设的主导者，而是要在生态文明建设的过程中作为引导者充分发挥市场和民众的力量。在此过程中政府的主要职责包括：通过制定一系列的规章制度建立健全各项法律、法规政策，监管生产者和消费者的行为；通过财政、税收等手段，对企业的生产行为实施宏观调控；对采取相应技术改进措施或引进新设备等手段，提高单位资源利用效率，实施降噪、减排的生产企业，以给予适当的财政补贴或减免适当的税费等方式，支持企业的生产行为，以最大限度地保障和促进生产企业的改进行为，对减排、降噪、提高资源利用效率起到保驾护航的作用。在此种模式下，政府应科学进行生态规划，进行合理布局，为生态环境的合理开发利用和生态环境保护打下坚实的基础。

目前，中国生态文明建设主要有政府主导模式、市场主导模式和社会主导模式这三种模式。政府主导模式是在政府强有力的主导下，进行生态文明建设。这种模式的优点是在政府的统一领导下，能够实行统一的管理，简便易行，能以最快的速度实现对生态环境的保护。这种模式的缺点是：约束了生产企业和公众的行为，不能根据市场的状况及时调整政策，不能很好地抑制生态失衡现象，反而会由于过多的规定，约束企业和公众的手脚，没有产生预期设想的生态效益，反而会带来经济效益的下滑。因此，这种模式不利于生态环境的长期保护与治理。目前，柴达木生态特区在生态文明建设的过程中，主要采用的就是政府主导型模式。由于地方政府对企业的束缚较多，使企业产生了盲从感，被动地成为生态文明建设的执行者，造成企业经济效益下滑，不利于地区循环经济建设与发展。

市场主导模式是以市场为主导，运用价格杠杆机制，对公共资源进行调配。这种模式的优点是通过明晰产权，明确公共资源在使用过程中的权责，从而有利于资源调配。但其也有缺点，即它必须是在完全竞争市场下运行，且在交易成本为零的状态下，可实施资源优化配置。然而，中国目

前的市场体系还不够健全，这势必会对资源的交易带来一定的瓶颈。因此，这种模式也不利于中国目前生态环境的合理保护。

社会主导模式是由社会民众和民众团体自发组织起来保护生态环境，促进生态文明建设的模式。其优点在于运用民间的力量，通过自我觉醒，来对生态环境实施保护，有利于生态文明建设的执行与实施。其缺点是：首先，民众必须要有强烈的公共精神。在中国，民众的公共意识比较淡薄，很多人都持有"各人自扫门前雪，不管他人瓦上霜"的观念，因此，很难形成这种公共精神。其次，要有强有力的民间环境保护组织。在中国，环境保护的非政府组织发育不够健全，还十分脆弱，其监督、监管的能力有限，因此，不适合在中国发展。最后，要有强烈的民众性。由于中国民间环保人员匮乏，资金不足，运作不规范，政府色彩浓重等特点，导致生态文明建设的成效微乎其微，不利于中国生态文明的长期建设。

因此，柴达木生态特区在生态特区建设过程中不仅要充分发挥政府的引导作用，同时也要注重市场机制的运行和公众的参与，将三者有机结合起来，走具有中国特色的生态文明建设之路。

2. 构建资源—技术—生态良性循环发展的模式

柴达木生态特区生态文明建设应结合自身的生态环境、科学技术等特点，在依托资源禀赋优势的基础上，构建资源—技术—生态的良性循环模式，充分发挥地区资源优势，利用生产技术水平的改进与革新，提高资源利用效率，保护生态环境，走生态、资源、经济相互协调的可持续发展之路。

柴达木生态特区是中国三大内陆盆地之一，其平均海拔在2600~3000米，属于高原地区，也是中国四大盆地之中地势最高的盆地。由于其地处青藏高原，平均海拔较高，大气比较稀薄，导致该地区日平均气温温差在15~30℃。加之该区域风沙较大，月平均大风在3米/秒以上的天数有8~15天，造成柴达木生态特区风沙较大，气候干燥，降水量较少，生态环境的脆弱性较强，生物生长周期较长。该区域太阳辐射量较大，总辐射量为7000兆焦/平方米，年均降水量较少，2019年柴达木生态特区年均降水量为253.54毫米，使该地区生长的植物多以灌木、半灌木和草本植物为主，盐生植物较多。该地区地质地貌以高山、风蚀丘陵、戈壁、沙漠和湖沼等为

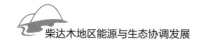
主，形成了具有高原特色的自然生态环境。

柴达木生态特区矿产资源较为丰富，是中国各类矿产资源的富集地区。目前，探明储量的有 86 种矿产资源，且具有一定储量的矿产资源有 48 种。其中，最为著名的是各种盐矿。目前，柴达木生态特区已探明钠盐的储量为 3317 亿吨，镁盐储量为 210 亿吨，钾盐储量为 7.06 亿吨，氯化钠储量为 7 亿多吨，占全国总量的 97%。柴达木生态特区硼的探明储量为 1573 万多吨，占全国总储量的一半，氯化镁的储量为 20 亿吨。其盐矿之丰富，储量之庞大，不仅是中国盐矿之最，也是世界盐矿之最。因此，柴达木生态特区也有"盐都"之称。另外，柴达木生态特区的油气资源也很丰富，目前已探明的石油地质储量为 408 亿吨，可开采量为 3443.1 万吨，天然气的探明储量为 3663 亿立方米，是中国四大天然气气区之一。柴达木生态特区各种金属矿和非金属矿储量也很丰富，金属矿如铁矿探明总储量为 2.9 亿吨，铅、锌矿为 150 万吨、铜矿为 50 万吨、钼矿为 5 万吨，非金属矿中电石级石灰岩的储量居全国首位。面对如此丰富的矿产资源，柴达木生态特区如何依托资源优势实现经济的腾飞与发展？技术改进与创新是实现经济增长与资源可持续利用的重要途径。

近年来，随着柴达木生态特区循环经济的发展，柴达木生态特区虽然注重科技研发与创新能力培养，但科技项目经费起伏较大，且来源结构失衡较为严重，尤其是国家级科技项目严重不足。2019 年，柴达木生态特区国家级科研项目数为 0，且 2019 年柴达木生态特区科技项目总经费为 6700 万元，经费来源主要来自省级项目，资金总额比 2018 年增长了 56.84%。由于财政资金有限，柴达木生态特区企业成为科研投入的领跑者。2019 年，全部工业企业法人单位用于 R&D 内部经费支出为 17758.1 万元，比 2018 年增长了 1.6 倍，使企业有效发明专利数由 2018 年的 49 项上升为 2019 年的 78 项，拥有注册商标 270 件，形成国家或行业标准项目的共有 3 项，取得了较为可喜的成果。2019 年，柴达木生态特区全部工业企业用于新产品开发的费用为 14249.5 万元，形成的新产品产值达 1000438.6 万元，实现新产品销售收入 650514.5 万元。虽然，柴达木生态特区的科技研发能力有所提高，但与全国中部、东部地区相比，仍存在科研能力不足，技术成果转化率较低，生产技术水平落后的现象。另外，柴达木生态特区技术创新与研发主要是在国有大型企业中进行，民间股份制和民营中小企业的科技研发投入及技术创新能力基本为零。因此，柴达木生态特区应加强中小企业和民营企业科研投入力度，采取必要的激励措施，鼓励民间股份制企业和民营企业进行适度技术创新与改进，增强企业科研成果转化率，为提高企业资源利用效率，减少废弃物排放，推动柴达木生态特区循环经济的快速发展提供技术支撑。

由于生产技术水平较低，柴达木生态特区在生态文明建设的过程中，造成的生态环境污染与破坏现象较为严重，生态环境的脆弱性增强，生态安全度下降，不利于柴达木生态特区社会经济的可持续发展。虽然，柴达木生态特区经济社会发展与生态环境的协调度日趋上升，但生态环境与经济的耦合度却在不断下降。从柴达木生态特区碳排放的角度可以看出，随着柴达木生态特区经济的快速增长，能源消费由 2008 年的 423.76 万吨标准煤上升到 2019 年的 1211.55 万吨标准煤，年均增长率为 10.02%。能源消费需求的增加带来了碳排放量的增多，柴达木生态特区碳排放量由 2008 年的 2694207.99 吨上升到 2019 年的 7091067.29 吨，柴达木生态特区碳总排放量增长了 1.6 倍；二氧化硫的排放量也由 2008 年的 25314.5 吨上升到 2017 年的 27060.05 吨①，年均增长率为 0.74%。这说明柴达木生态特区能源消费使碳排放及二氧化硫的排放呈急速上升趋势，能源消费仍处于粗放模式，对柴达木生态特区生态环境造成的污染与破坏较为严重。同时，随着柴达木生态特区社会经济的发展，柴达木生态特区生态环境的承载力也呈下降趋势，生态安全存在较大的隐患。从柴达木生态特区生态足迹及生态承载力的分析可以看出：柴达木生态特区人均生态承载力由 2008 年的 7.2747hm^2/人上升到 2019 年的 9.8893hm^2/人，比 2008 年上升了 35.94%；柴达木生态特区人均生态足迹则由 2008 年的 8.2392hm^2/人上升到 2019 年的 17.1946hm^2/人，且 2019 年柴达木生态特区人均生态足迹是 2008 年人均生态足迹的 1.1 倍；生态压力指数也由 2008 年的 0.1326 上升到 2019 年的 0.7387，生态安全处于较不安全状态，这为柴达木生态特区生态经济的可持续发展埋下了瓶颈与隐患。因此，可以说柴达木生态特区经济的快速增长是以牺牲生态

---

① 由于海西州统计资料关于环境数据统计只到 2017 年，故本书在此研究数据只能到 2017 年。

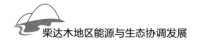

环境为代价的。

由此可以看出，柴达木生态特区矿产资源虽较为丰富，但由于生产技术水平的制约，导致生产的粗放性较为严重，造成的资源浪费和生态环境污染现象比较严重，不利于柴达木生态特区生态文明建设。因此，柴达木生态特区在生态文明建设的过程中，应坚持落实科学发展观，因地制宜，充分利用当地资源优势，坚持技术引进与自主创新相结合，在提高企业生产技术能力与水平的同时，延长产品的生产加工链，通过对废弃物和副产品的循环再利用，实现企业内部的循环和企业之间的循环；同时，大力发展太阳能、风能等新能源产业，进一步调整能源生产结构和消费结构，提高化石性能源资源的利用效率，减少废弃物和污染物的排放，改善生态环境。例如，柴达木生态特区煤炭开采企业可以通过提高生产技术水平，形成煤气生产—焦炭生产—发电的产业链，在企业内部进行循环利用，通过与化工企业、冶炼企业衔接，生产水泥，进行金属冶炼，从而大大提高产出效益，降低企业生产成本，减少对生态环境的污染与排放，在实现地区最大经济产出效益的同时，实现清洁能源生产与消费（见图6-1）。

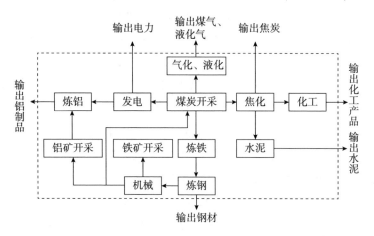

图6-1　煤炭循环利用

3. 采取纵向闭合、横向耦合和区域耦合相结合的模式

柴达木生态特区隶属海西州，可以说囊括了海西州的绝大部分区域，其经济发展对青海省经济发展具有积极的推动作用。2008年，柴达木生态

特区经济总量占青海省经济总量的27%，在青海省位居第一，2019年，柴达木生态特区生产总值占青海省生产总值的22.46%，其所占比重虽有下降，但其在青海省经济发展中依然位居第一。由此可见，柴达木生态特区经济发展在青海省经济发展中占有重要地位。在生态文明建设的道路上，柴达木生态特区更是起到了急先锋的作用，其对青海省其他地区生态文明建设不仅具有表率作用，也对"三江源"生态环境保护屏障的形成起到了积极作用。为此，柴达木生态特区应加强生态文明建设，科学规划，合理布局，努力实现区域经济、生态效益的共赢。本书通过对柴达木生态特区生态环境与社会经济发展的优势进行评价，对其生态环境与经济社会发展的耦合进行分析，认为柴达木生态特区在生态文明建设的过程中，应采取纵向闭合、横向耦合和区域耦合相结合的模式。

（1）纵向闭合模式。所谓纵向闭合，是指在一个工厂或农场内，模仿生态系统内食物链，物质在系统内迁移、转化、循环的过程中充分利用空间和营养生态为每个成分（环节）所输出之物，正好全部或大部分被其后续成分（环节）所利用，多层分级利用物质，进行良性循环。纵向闭合模式是通过改进工厂（或农场）生产工艺过程、设备、技术和管理，组织厂内各工艺之间形成从生产原料、生产过程的物质迁移、转换到产品、副产品、废物等，再从产品、废物等到原料的纵向闭合的物料循环模式。其目的在于通过企业内部循环，提高资源利用效率，减少对资源的浪费，减少废弃物的排放，以达到降低企业生产成本的同时，实现资源高效利用和生态环境保护。

柴达木生态特区在生态文明建设的过程中，应本着因地制宜的原则，采用纵向闭合模式，积极开展企业内部循环，提高资源回收利用率，减少各种废弃物的排放，以达到减排减耗的目的。例如，格尔木市在盐湖资源的开发利用过程中，将提取钾盐后的卤水不再以废弃物的形式排放而是根据中国矿产资源伴生性的特点，从剩余卤水中提取锂、氯化镁等化合物，用于其他工业产品生产，这不仅大大提高了资源的综合开发利用效率，减少了对矿产资源的需求与消耗，同时也减少了废弃物的排放，使得格尔木市资源和生态环境均得到了充分利用。

由此可以看出，柴达木生态特区在大力发展循环经济，提高资源利用

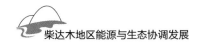

效率，降低企业运行成本，提高企业生产效率的过程中，应大力推广企业内部纵向闭合的循环模式，以最少的成本和最低的物质资源消耗，获取最大的经济产出效益。

（2）横向耦合模式。横向耦合模式是指在纵向闭合模式中，有时其物质代谢（生产）过程中所产生的所有副产品和废弃物很难被本企业（场）内部全部回收利用，但这些废弃物或副产品可作为另一个企业（场）内的原料被再次利用，这时可以对不同工厂、行业、产业之间进行横向耦合，从而为单一企业（场）内无法被利用的废弃物找到下游的"分解者"和"利用者"，使各企业的各种废弃物在不同的企业（场）、行业间充分利用，建立起物质的多层分级利用网络和新的物质闭路循环，实现区域内生产过程中完备的功能组合，构建集生产、流通、消费、回收、环境保护及能力建设为一体的产业链网，疏通物质流、能量流、货币流、信息流、人力流，使物质循环的过程更为合理。

柴达木生态特区在进行资源综合利用的过程中，为提高资源综合开发利用效率，实现企业之间的横向联合，努力提高资源的综合开发利用效率，从而减少资源的浪费及其对生态环境的污染和破坏。例如，柴达木生态特区在盐湖资源的开发利用过程中，开发氯化钾、氯化钠、氯化镁、氯化锂等物质的下游产品的过程中，会产生大量的氯气、氯化氢等气体，其可以将这些气体与石油、天然气化工、煤化工产业相结合，发展 PVC 和其他含氯的化学品等产业。因此，柴达木生态特区可以通过盐湖化工与其他化工行业的融合，构建耗氯产品产业链，完善盐湖化工循环经济产业体系，促进柴达木生态特区产业集群发展。这不仅大大提高了资源利用效率，也减少了环境污染，且由于对上游企业副产品进行了开发利用，减少和降低了其运行成本，从而实现了经济、资源、生态的共赢。

（3）区域耦合模式。区域耦合模式是指产业系统与自然系统及社会系统之间存在着特定空间范围内的耦合关系，可以通过对一定地域空间内不同生产部门、居民点和自然生态系统之间的物质能量代谢、空间格局及人类生态关系进行优化，联系与协调一个产业区与区外相关的区域、自然环境和人工环境，形成优势互补、互利共生、自然生态链与人工产业链相结合的复合生态系统整体，从而发挥整体效应，形成内部资源、能源高效利用，外部有害物质零排放或最小排放的可持续生态综合区，并尽最大可能地降低生产过程对生态环境的影响，变污染负效益为资源正效益。

通过柴达木生态特区经济优势度的评价可以看出，柴达木生态特区各地区之间由于资源禀赋不同，各地区产业优势度存在较大的差异。从矿产资源的优势度看，德令哈、乌兰、大柴旦的矿产资源优势度较高，这为这些地区发展资源型产业奠定了物质基础。从工业区位熵来看，格尔木、大柴达、乌兰、德令哈的工业区位熵较高，在柴达木生态特区工业经济发展中占有优势地位。由此可见，格尔木市、德令哈市、大柴旦、乌兰县可凭借资源优势大力发展工业，从而使工业成为这些地区经济发展的优势产业。但这些地区在工业发展的过程中，由于各自资源禀赋状况不同，因而形成的产业和行业布局也有相应的差别。格尔木市可依托周边地区丰富的盐湖资源、天然气、黑色及有色金属，形成了以盐湖化工、天然气石油加工、有色金属加工为主体的三大支柱产业，通过构建盐湖化工、油气产业、有色金属产业之间融合发展的特色产业链，使资源、产品、副产品之间互为原料，在进行产业链延伸的同时，辐射带动茫崖、冷湖、大柴旦、都兰等地循环产业的发展。德令哈市可依托周边丰富的石灰石、石英等非金属矿和钠盐、天然气，结合盐化工产业，大力发展纯碱、烧碱、氯化钙、有机硅等相关产业，形成以尾盐—纯碱—烧碱—水泥为主产品链互补的生态工业网络，同时带动乌兰、都兰、大柴旦等地循环产业的发展。大柴旦可利用大煤沟、鱼卡等地丰富的煤炭、盐湖和有色金属资源，着力构建能源—煤化工—盐化工—有色金属冶炼的综合利用产业链，重点发展动力煤、硅胶、硼等系列产品及硫酸钾、聚苯硫醚、磷酸铁锂、溴素深加工产品，促进了能源、煤化工、盐化工、冶金产业的有机融合，从而带动了冷湖、茫崖等地的工业发展。乌兰县可充分利用木里丰富的焦煤资源，积极推进煤炭深加工和综合利用，构建煤炭—焦煤—化工一体化产业链，大力发展煤焦油、苯等精细化工产品，焦炉气甲醇及甲醇下游系列产品，辐射带动了天峻县等地区循环经济发展。由此，柴达木生态特区应形成以格尔木、德令哈为中心，通过油气、盐化工和冶金业等产业带动大柴旦、乌兰等地能源及盐湖、冶金加工业的发展，形成地区资源互补、共享的模式，实现地区之间经济的联动效应，从而促进地区间循环经济的稳定发展。

从耕地资源优势度看，德令哈、乌兰、都兰的耕地资源优势度较高。从农业区位熵看，德令哈、乌兰、都兰的农业区位熵也较高，因此，柴达木生态特区高原特色农业的发展应以德令哈、乌兰、都兰为主，充分利用耕地资源优势，实施绿色生态农业生产。这样不仅能保证该地区对农产品的需求，也能为格尔木、大柴旦、冷湖等地提供相应的农产品，以降低这些地区对外来农产品的需求压力，从而对进一步稳定柴达木生态特区社会经济发展起到积极的促进作用。

因此，柴达木生态特区在循环经济发展的过程中，应本着可持续利用的原则，既要强调企业内部循环，也应注重区域间循环，实现不同地区之间资源共享，提高资源综合开发利用效率，减少单位资源消耗，从而实现资源、生态、经济的和谐发展。

六、柴达木生态特区建设的保障措施

(一) 明确政府在生态文明建设中的地位与作用

柴达木生态特区的建设是促进中国生态文明建设和经济稳定发展的重要举措，也是青海省实现生态立省的重要支撑。在生态文明建设的过程中，柴达木生态特区应转变政府职能，充分发挥市场和公众的力量，由政府主导型向政府、市场和公众相互协调、相互合作的模式转变。这就需要政府明确自己在生态文明建设中的责任与义务，了解自身所承担的角色。从美国、德国、日本等国生态文明建设的经验，我们可以得到这样的启示：政府在生态文明建设的过程中既是生态文明建设的推动者，也是生态文明建设的守护者。例如，美国通过总统令的方式推动绿色政府构建，规范政府机构及其工作人员的行为。1993年，克林顿在发表"世界地球日"致辞后，签署了三项总统令，要求联邦政府机构通过政府采购等措施，减少购买和使用消耗臭氧层物质（EO 12843），优先购买和使用替代燃料汽车（EO 12844），采购符合"能源之星"标准的计算机及其外围设备（EO 12845）。2015年，奥巴马签署了"关于下一个十年联邦可持续性规划"第13693号总统令，提出今后十年力争使联邦政府机构直接温室气体排放量减少40%

以上，以此来改善环境，减少政府开支，为全社会树立典范。与此同时，美国为保护生态环境出台了一系列政策法规，如 1977 年的《露天矿区土地管理及复垦条例》，以及《2005 年能源政策法案》等，这些政策法规在制定过程中采取民意投票的方式进行，让广大民众参与其中，这样既提高了民众的环保意识，也提高了环保政策的可行性，从而使生态环境文明建设相关政策能够顺畅地落到实处。柴达木生态特区在生态文明建设的过程中应借鉴国内外先进理念和经验，坚持"尊重自然、顺应自然、保护自然"的原则，努力做好顶层设计，科学统筹规划，合理布局。另外，柴达木生态特区在生态文明建设的过程中，应转变政府主导为政府引导，加强政府、企业、公众联动，形成公共治理结构。政府、企业和公众都是生态文明建设的主体，因此在生态文明建设中应强调政府引导、企业的社会责任、公众参与。

（二）统筹兼顾，科学合理制定生态经济规划

在柴达木生态特区建设的过程中，应根据各地区的资源禀赋优势、生态环境优势、经济发展优势等状况，从全局发展的战略角度出发，扬长避短，合理规划，以确保生态文明建设的顺利进行。本书在对柴达木各地区生态安全及经济发展的优势进行评价的基础上，对柴达木各地区生态经济功能进行定位，具体如表 6-7 所示。

表 6-7　柴达木各经济区的生态功能定位

生态经济区	功能定位
格尔木	综合自然生态保护，积极发展特色产业
德令哈	加快绿色农业发展和特色工业发展，改善城市生态环境
乌兰	积极发展生态农业、畜牧业，提高矿产资源开发利用能力，保护生态环境
大柴旦	实施草地退化防治，适度进行矿产资源开发
都兰	大力发展特色农业经济，加强草地生态建设，积极发展现代畜牧业，适度实施矿产资源开发
天峻	加强生态环境治理，提高资源利用效率；大力发展风能、太阳能
冷湖	大力发展循环经济，提高矿产资源综合利用效率
茫崖	加强石棉、石油、天然气综合开发利用，发展清洁能源产业

1. 格尔木市生态经济规划

格尔木市地处柴达木生态特区中南边缘，地形以高山、戈壁、荒漠为主，早晚温差大，年降水量较少，属于典型的高原大陆性气候。另外，该地区矿产资源较为丰富，并形成了以盐湖化工业、天然气开采业、石油加工业和有色金属加工业为主的工业生产体系。随着格尔木市工业文明的不断发展，其生态足迹呈不断上升趋势，生态承载力呈逐年下降趋势，生态平衡出现赤字现象，生态安全由 2008 年的很安全转变为 2019 年的较不安全。为保证该地区生态文明建设，格尔木市应根据自身资源禀赋优势、经济优势和自然生态环境优势，科学合理制定生态发展规划，以满足地区生态文明建设的需要。

第一，大力发展风能、太阳能等清洁型能源产业，调整能源消费结构，逐步减少对化石性能源资源的消费需求，促进清洁能源的生产与消费，在保证能源有效供给的同时，加强地区生态环境保护。格尔木市太阳能、风能资源十分丰富，太阳年日照时长为 2900 多小时，市区年均风速为 2.4 米/秒，极大风速为 24.7 米/秒，这为格尔木市太阳能和风能产业的发展奠定了良好的基础条件。因此，为减少化石性能源稀缺对社会经济发展所形成的瓶颈、对生态环境所造成的污染与破坏，寻找新的经济增长点，格尔木市在能源供给与能源消费方面应充分利用自身的资源禀赋优势，大力发展风能和太阳能产业，减少化石性能源资源的消费，在实现地区清洁能源生产与有效供给的同时，推进地区生态文明建设。目前，格尔木市已有 6 家光伏企业，光伏发电量占地区总发电量的 65.3%，从能源消费结构可以看出，格尔木市能源消费以化石性能源消费为主，而化石性能源具有不可再生性和环境污染性（从碳排放角度就可以看出化石燃料对生态环境的污染）。为推动蓝天白云工程，实现人与自然的和谐发展，格尔木市应加快新能源产业发展，尽可能减少化石性能源的消费需求。

第二，因地制宜，科学合理规划耕地资源。耕地资源是保证民生发展的重要物质资源。格尔木市由于其地形以高山、戈壁、荒漠为主，耕地资源数量有限，加之该地区降水量少，水资源较为稀缺，使得格尔木市农产品自给能力有限，农产品大部分靠运输线补给来解决。为全面开展"菜篮子"工程，解决粮食安全问题，格尔木市加大了对耕地资源的开发利用，致使耕地生态足迹呈不断上升趋势，耕地生态承载力呈下降趋势，耕地生态平衡处于赤字水平状态。因此，原本生态脆弱的格尔木市耕地退化现象日趋严重。为解决人地矛盾问题，格尔木市应科学、合理地规划耕地资源的使用，针对有限的耕地资源推行兼做、轮作、休耕等制度，实现污染耕地绿色修复，在保证农业生产的同时，最大限度地保护土地资源，防止耕地面积的进一步减少。

第三，加大科研投入力度，提高资源综合利用能力，大力发展循环经济。2019 年，格尔木市 GDP 总量占柴达木生态特区 GDP 总量的 53%左右，其在整个柴达木生态特区经济发展中占有重要地位，是柴达木生态特区经济发展的"领头羊"，其经济增长速度的快慢与经济发展水平的高低对柴达木生态特区经济发展具有重大的影响。为此，格尔木市在生态文明建设的道路上，不仅要充分利用地区资源禀赋优势，形成特色产业，而且在生态特区建设的过程中，要大力发展绿色低碳经济，减少对能源资源的消耗，减少生态环境污染。由于格尔木市生产技术水平与国内平均水平相对较低，科研研发、创新能力相对较差，因此，资源的循环利用能力与国内一些发达地区相比较低。例如，在盐湖化工产业发展方面，目前，格尔木市通过招商引资，适当延长了盐湖化工产品的产业链，但由于开发利用技术水平相对较低，资金较为匮乏，对部分盐湖化工副产品不能消化，以至于造成了一定程度的资源浪费和环境污染。为此，格尔木市应加大科研投入力度，强化对工业副产品的深加工与精细加工，延长盐湖化工等产品的生产加工链，以提高资源利用效率，减少环境污染，确保资源环境的充分有效利用。因此，大力发展循环经济，提高资源的循环再利用，减少和降低对资源的消耗与浪费，成为格尔木市工业发展的目标与方向。

第四，实施统一规划，适度发展生态旅游业。由于生态环境的消费具有不可逆性，一旦生态环境受到破坏，就无法使其恢复原有状态。为彰显高原地域风貌和民俗风情文化，提高当地居民收入，格尔木市在发展旅游业的过程中，首先，应根据当地的地形、地貌及生态规律特点等，对格尔木市旅游资源实施统一规划。这样做一方面有利于格尔木市对旅游资源的生态安全进行宏观调控（因格尔木市生态环境相对较为脆弱，旅游业发展在无政府的状态下容易造成对生态环境的过度开发，造成生态环境退化现象严重）；另一方面也能最大限度保证游客旅游安全，提高当地居民的收入水平。其次，格尔木市还应加强旅游业服务体系建设。目前，格尔木市旅游业服务水平仍较滞后，基础服务设施不健全，旅游服务意识功能较差，导致游客流失现象较为严重。因此，格尔木市应进一步提高旅游服务意识，加强旅游服务基础设施建设，不断完善旅游服务业配套设施，构建餐饮、住宿、娱乐一条龙的服务体系，让游客在旅游的过程中不仅能感受到高原独特的地质风貌，也能感受到高原的风土人情及文化习俗，从而提高当地居民收入。

2. 德令哈市生态经济规划

德令哈市位于柴达木盆地东部，是海西州政府所在地。从地理位置、资源禀赋优势及经济优势角度看，德令哈市应以绿色生态农业生产和低碳特色工业发展为主，逐步改善城市生态环境，促进生态文明建设。德令哈市海拔较高，平均海拔为 2980 米；太阳辐射强度较强，年日照时数为 2771 小时；风力较大，年平均风速为 2.4 米/秒，是青海省内太阳能和风能富集的地区之一，这为该地区太阳能及风能产业的发展奠定了基础。同时，德令哈市草地资源较为丰富，草场分布面积较广，这为德令哈市畜牧业发展提供了丰富的草场资源。德令哈市盐碱等非金属矿产资源较为丰富，其依托资源优势形成了以生产盐碱、石灰石、硝、硫磺等为主的工业生产体系。随着德令哈市工农业的发展，德令哈市对能源资源的消费需求也随之增加，使得德令哈市化石性燃料用地生态足迹增加，碳排放量增多，生态赤字加大，这为地区生态环境的可持续发展埋下了瓶颈和隐患。因此，鉴于德令哈市生态环境的变化，德令哈市应从以下几方面入手，合理规划，实现生态经济的稳定发展：

第一，大力发展生态农业，进行耕地资源的合理规划。受地形气候等条件的制约和限制，德令哈市耕地资源较为有限，为解决民生问题，德令哈市对耕地资源进行了大规模的开发利用，大量种植青稞、小麦、蔬菜等农作物，使得德令哈市耕地生态赤字水平上升，对生态环境形成了一定压力。为此，德令哈市应在遵循土壤内部生态系统规律的基础上，对耕地资源进行合理规划，根据土壤特点，适度采取轮作、间作等模式，在提高农作物产量的同时，对土地进行适度的生态修复，保证土壤肥力的有效供给，满足地区经济发展对耕地资源的需求。

第二，进一步调整能源供给结构，大力发展新能源产业。从德令哈市能源消费结构看，化石性能源消费仍占有主导地位，随着工业经济的发展，能源消费需求不断增加，碳排放量也随之上升，化石性燃料用地的生态赤字水平不断扩大，年均增长率为10.24%，加之德令哈市建设用地生态赤字水平亦呈急速增长趋势，使得德令哈市生态安全处于极不安全状态。为此，德令哈市应进一步调整能源供给结构，减少化石性能源供给，运用当地风能、太阳能资源优势，大力发展清洁型新能源产业，减少和降低碳排放量，减轻对生态环境的压力，这样有利于生态环境的自我修复和发展。

第三，加强建设用地的生态规划，减少和降低生态赤字水平。为满足工矿企业对能源资源的消费需求，同时减少碳排放对自然生态环境的污染，德令哈市积极发展新能源产业，使得建设用地生态足迹上升。加之为降低传统产业在地区经济发展中所占的比例，德令哈市积极发展新材料产业生产，使得德令哈市建设用地需求急速增加，建设用地生态赤字水平急速上升，生态失衡严重。因此德令哈市应合理规划建设用地的使用，以最小的生态付出，获取最大的经济产出效益。

第四，统筹规划，大力发展生态旅游业。受自然生态环境及地理因素影响，德令哈市农业发展滞缓，加之生产技术水平较低，工业制成品结构单一，吸纳劳动力的能力有限，使得德令哈市劳动就业途径狭窄。为顺利解决剩余劳动力的就业问题，德令哈市应依托其独特的自然地理风貌，积极发展生态旅游业及相关的服务业，提高劳动就业率，增加当地居民收入。同时，为避免各种破坏生态环境现象的产生，德令哈市应对生态旅游资源进行统一规划，合理布局，规范旅游市场的各种行为，在保证游客安全的同时，保护当地居民的利益，最大限度地提高劳动就业率及居民的收入，以促进当地社会经济的稳定发展。

3. 乌兰县生态经济规划

乌兰县位于柴达木生态特区东部，深居内陆腹地，属于典型的干旱大陆性气候。由于该地区温差较大，无霜期短，日照时长，风力较大，因此，该地区农业生产与其他地区相比较为滞后。但该地区草地畜牧业发展较快，造成草地生态足迹较高，草地生态足迹在2015年达到22.71984hm²/人后，

呈急速下降趋势。但这仍改变不了乌兰县生态环境的赤字状态，生态赤字水平在 2019 年仍为 2.355976hm²/人。虽然，该地区生态环境与经济社会发展的生态耦合协调度趋于和谐，呈良好协调发展的趋势，但生态安全却处于稍不安全状态。也就是说，乌兰县在经济社会发展的过程中，若不注重对生态环境的保护，其生态环境将会进一步退化，这些为乌兰县未来经济社会的稳定发展埋下了隐患。为实现生态环境与经济社会发展的双赢，乌兰县应进行合理规划，保证地区生态环境与社会经济的可持续发展。

第一，充分利用地区资源优势，大力发展光伏产业和风能产业，进一步调整能源消费结构，以保证生态环境的可持续性。乌兰县平均海拔在 2960 米左右，全年日照时长为 2729.8 小时，年平均风速在 2.7 米/秒。这为乌兰县发展风能和太阳能产业奠定了基础。从能源消费结构看，乌兰县能源消费以化石性能源消费为主，这不仅使乌兰县碳排放量呈逐年上升趋势，而且由于碳排放的增加使乌兰县年均气温 11 年间上升了 0.3℃，对大气、自然生态环境均造成了不同程度的影响。由于化石性能源属于不可再生资源，随着乌兰县化石性能源资源的开发利用，乌兰县化石性能源储量不断减少，由于化石性能源在燃烧的过程中会产生大量的废气和粉尘颗粒物，如原煤、焦炭等在燃烧过程中会产生大量的一氧化碳、二氧化硫等有害气体，使得大气环境遭到破坏与污染。因此，乌兰县应进一步调整能源消费结构，大力发展新能源产业，在保证能源资源有效供给的同时，促进生态文明建设。

第二，合理调整农牧业结构，适度发展畜牧业。从生态足迹的角度看，乌兰县草地生态足迹增长较快，由 2008 年的 5.9hm²/人增加到 2019 年的 7.513hm²/人。由于草地生态足迹的迅猛上涨，导致乌兰县草地生态盈余水平处于赤字状态，且草地在乌兰县各类生产性土地中属于赤字水平最高的用地类型，比乌兰县总生态赤字水平高出 0.9736hm²/人，对乌兰县生态赤字的形成具有决定性影响。因此，乌兰县应合理规划草地资源，实施围栏放牧，采取定期休牧、限牧等措施，以保护草场资源，减少草场退化面积，这对该地区防风固沙、减少土地退化具有积极意义。

第三，大力发展旅游服务业等第三产业。乌兰县内旅游资源相对较为丰富，比较著名的有茶卡盐湖、金子海水利风景区、哈里哈图森林公园、柯柯盐湖等旅游景区。为提高当地居民劳动就业及收入水平，乌兰县应积极发展旅游产业，提高旅游服务意识，不仅能让游客领略到西部自然风光，也让游客了解到西部少数民族的异域风俗；同时，让游客在与大自然亲密接触的过程中，树立生态环境保护意识，从而形成具有高原特色的生态旅游模式。

第四，大力发展循环经济，构建绿色生态产业园区。乌兰县在工业园区经济发展的过程中，由于对生态园区的错误理解，认为将生产具有类同性的企业放在一起就是园区经济，因而出现了污染的集聚，而没有产生资源集聚、资金集中、技术共享的园区经济，反而造成了资源浪费和环境污染现象，造成了极大的生态环境污染与破坏。经济效益低、环境污染严重是当时乌兰县工业发展存在的最大问题，在正确认识了园区经济的发展理念后，乌兰县调整了园区经济发展思路，通过招商引资构建起与原有产业之间具有前后项联系的产业，实现了资源的循环再利用，同时对产能落后的产业及污染程度较高、能耗较大的行业实行转产和关停的政策，从而扭转了对地区生态环境的破坏，提高了资源综合利用效率，减少了废弃物和污染物的排放。但由于招商引资力度不够，难度较大，想引入高科技产业落户到乌兰县相对困难，因此，乌兰县园区循环能力和水平相对较低，故乌兰县应进一步加大招商引资力度，对新兴产业和行业给予一定的政策优惠空间，吸引高科技专业人才、技术和企业落户，这有利于乌兰县进一步提高资源、生态利用效率，实现生态经济的双赢。

4. 大柴旦生态经济规划

大柴旦位于海西州北部，平均海拔在 3400 米以上，四季不分明，紫外线辐射强度大，年降水量少，属于典型的内陆高原荒漠气候。大柴旦地区高山纵横，地质结构和土壤结构复杂，境内矿产资源丰富，且品种较多，储量大、品位高。大柴旦地区依托资源优势形成了以钾盐、镁盐、铅、锌、硼、锂、煤等为主的采掘业、冶金加工业和盐化工业等产业。随着这些行业的发展，地区生态环境受到了一定的影响，草地植被破坏程度较大，能源消费需求增加，大气中粉尘颗粒物增多，对地区生态环境的可持续发展造成了一定的瓶颈。自 2005 年柴达木循环经济试验区建立以来，大柴旦虽采取了相应的措施，积极改善生态环境状况，但仍改变不了草地和化石燃

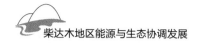

料用地的生态退化现象。为此，大柴旦在实现一定经济产出效益的同时，应进一步加强生态环境保护，以促进地区经济的可持续发展。

第一，合理规划草地资源，保护耕地和水域用地。大柴旦地处柴达木盆地北部，年均气温较低，年均气温为 3.9℃；降水量也较少，年均降水量为 137.8 毫米，生态环境脆弱性较高，不利于农作物生长。大柴旦农业生产主要以青稞、蚕豆为主，产量较低，满足不了当地居民的生活需要，大部分农产品主要靠外部运输满足基本需求。大柴旦草场资源比较丰富，自然生态环境适合山羊、牦牛生存，其草场上饲养大量山羊和牦牛。当地居民生活饮食主要以牛羊肉为主，随着牛、羊饲养数量的增加，导致大柴旦草地生态足迹增加，对生态环境形成了一定的需求压力，使得大柴旦草地生态平衡处于赤字水平。为此，大柴旦应进一步合理规划草场资源，加强草地生态环境建设，采取承包到户、围栏放牧等形式，合理使用草地资源，促进草地生态环境保护，同时，还应保护耕地、水域土地资源。虽然耕地和水域生态处于盈余状态，但盈余水平很低，基本接近于 0，如果利用不当，就会导致生态失衡，出现生态赤字。因此，保护耕地和水域的使用，也是大柴旦地区经济发展的当务之急。

第二，调整工业格局，大力发展循环经济。大柴旦地质构造较为复杂，矿产资源较为丰富，且品位较高，其中钾盐、镁盐、硼、锌、煤等矿产资源储藏量较大，因此，该地区形成了以钾盐、镁盐、硼、锌、煤等为主的生产加工部门。由于交通运输条件较差，自然气候环境较为恶劣，大柴旦在招商引资的过程中，很难引来"金凤凰"，只能引入一些传统行业的技术水平低下的企业，这些企业利用大柴旦的能源资源进行初级产品的生产与加工。因此，造成能源消耗高，资源浪费现象较为严重，经济产出效益较低，对大柴旦自然生态环境造成了较大的污染，对其资源造成了严重的浪费，尤其是煤炭的开采加工，对生态环境的污染与破坏较严重，使得大柴旦燃料用地的生态平衡呈严重赤字水平状态。因此，大柴旦应进一步调整工业发展格局，在依托地区资源优势的同时，进一步提高生产技术水平，提高资源利用效率，加强资源循环再利用，在提高经济产出效益的同时，尽可能减少能源资源的消耗与浪费，以实现资源、生态环境和社会经济产出效益的最大化。

第三，大力发展生态特色旅游业，增加当地居民就业率，提高劳动者收入水平。大柴旦地处柴达木盆地内陆地区，海拔较高，昼夜温差较大，降雨量少，全区域耕地面积较少，农业发展受限，工业发展水平滞后，使得劳动就业难度较大，地区人才流失现象严重。大柴旦山地纵横，喀斯特地质特点较为突出，高山冰雪融化较慢，形成了其独有的自然环境风貌，这为该地区旅游业的发展提供了良好的自然环境条件。加之近年来随着工业经济的发展，通信业、交通运输等服务业也得到进一步发展，这为大柴旦旅游业的发展奠定了良好的交通、通信等基础服务设施条件。同时，旅游业的发展也带动了当地传统绘画和彩织手工业等行业的发展，提高了当地居民的收入，增加了当地居民的就业机会。

5. 都兰县生态经济规划

都兰县地处柴达木盆地东南隅，下辖 4 个镇 4 个乡，总人口为 7.2 万人，有藏族、蒙古族、回族、土族等 19 个少数民族。都兰县地形以汗布达山区、河湖、丘陵、高原、山地等为主，有沙柳河、托索河、察汗乌苏河等大小河流 40 多条，属高原干旱大陆性气候。都兰县年均气温为 4.1℃，年降水量为 278.8 毫米，年日照时数为 2932 小时。都兰县长期气温较低，降水量较少，植物资源种类较少，主要有圆柏、青甘杨和具有"活化石"之称的荒漠原始梭梭林。都兰县矿产资源相对较为丰富，是青海省十大资源县之一，现已发现的矿产资源主要有煤、铁、锰、铜锂、铅锌、硼、金、镁盐、钾盐、石墨、硅灰石等 40 多个矿种，其中大型矿床有 3 处，中型矿床有 4 处，小型矿床有 19 处，铁、石墨、硅灰石等储量位居青海省首列。

都兰县生态环境与经济社会发展的耦合度较低，属于轻度失调经济滞后型，表明在生态经济发展过程中，经济发展相对滞缓。在资源优势方面，都兰县耕地资源优势度高，农业区位熵也高，故都兰县农业在柴达木生态特区具有一定发展优势。虽然都兰县矿产资源的优势度较高，但其工业区位熵却处于中等水平，同时其服务业区位熵也较高，这为都兰县经济的快速发展提供了基础条件。

都兰县要加快生态经济的平稳发展，首先，应将草原生态保护与现代畜牧业发展紧密结合起来，合理控制载畜量，通过畜牧业产业化发展，延长产业链，提高畜产品附加值；其次，要把矿山开发与山区生态环境保护

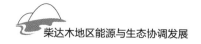

紧密结合，保护山地生态资源；最后，大力发展循环经济，延长矿产品加工链，提高工矿产品的附加值，同时加强与格尔木、德令哈等地的工矿制成品生产加工行业之间的联系，实现地区之间资源共享，提高资源利用效率，减少对资源、生态环境的破坏与污染。

6. 天峻县生态经济规划

天峻县地处青海湖西北部，柴达木盆地东部边缘，东邻祁连县、刚察县，南接海南藏族自治州共和县和海西蒙古族藏族自治州乌兰县，西邻德令哈市，西北与甘肃以肃北蒙古自治县为界。该地区总面积为 2.6 万平方千米，2017 年，总人口为 2.29 万人，拥有汉、回、蒙、藏、撒拉族等 15 个少数民族，下辖 3 个镇 7 个乡，是海西州唯一一个牧业县。天峻县海拔较高，平均海拔在 4000 米以上，属于高原大陆性气候；年均气温较低，仅为 0.6℃；日照时数年均为 2932 小时；年均降水量为 449.6 毫米，降水量与柴达木生态特区其他地区相比较高；生物资源相对较为丰富，具有经济价值和药用价值的有 22 科 37 种；矿产资源主要有煤、石灰石、石棉、云母、铅锌、铜、金等，其中，煤炭资源探明储量占青海省储量的 66.9%，储量较为丰富。

从资源优势度看，天峻县耕地资源和矿产资源的优势度在柴达木生态特区处于低水平状态，且其农业区位熵和工业区位熵均处于较低水平。这主要是由于天峻县气候寒冷，不利于作物生长，但其草场资源比较丰富，为畜牧业的发展提供了良好的发展条件。虽然天峻县矿产资源较为丰富，但其目前开采的仅有煤炭和铅锌矿，工业结构单一，产品加工较为粗放，使得天峻县工业区位熵在柴达木生态特区处于较低水平。天峻县服务业的区位熵相对较高，这为天峻县工农业发展提供了良好的服务机制。

因此，天峻县在未来的生态经济发展过程中，首先，应加大生态保护力度，大力发展现代畜牧业，延长畜产品生产加工产业链，提高畜产品附加值；其次，应大力发展风能、太阳能等新能源产业，降低对传统能源产业的依赖性，在保证一定经济产出效益的同时保护生态环境；最后，应大力发展循环经济，延长煤炭、铅锌产品的生产加工产业链，提高矿产资源的综合利用效率，增加工矿产品的附加值。

7. 冷湖生态经济规划

冷湖位于柴达木生态特区西北边缘，海西州西部，北与新疆、甘肃接壤，东邻大柴旦，西接茫崖；辖区总面积为 17796 平方千米，下辖 1 个镇，总人口为 22425 人。其位于青藏高原北部，且深居内陆，气候严寒干燥，少雨多风，昼夜温差较大，属于典型的大陆性气候。其平均海拔为 2800 米，年均气温为 4℃，年降水量仅为 10.2 毫米，年均风速达 3.6 米/秒，是柴达木生态特区风力最大的地区。冷湖矿产资源丰富，已探明矿种有 20 多种，占海西州探明矿种的 26%，种类比较丰富。目前，油气、氯化钾、芒硝等矿产资源的开采加工已成为该地区的支柱产业。

从矿产资源的优势度看，冷湖的矿产资源优势度较高，但由于其生产技术水平较为落后，生产结构较为单一，使得产品附加值较低，工业区位熵在柴达木生态特区处于较低水平。同时，其农业和服务业的区位熵与柴达木生态特区其他地区相比也很低。

因此，冷湖地区在生态文明建设的过程中，首先，应注重生态环境保护，加强矿产区生态修复；其次，应延长矿产资源产品生产加工的产业链，增加产品附加值，带动地区经济发展；最后，应充分利用风能、太阳能的资源优势，大力发展清洁型能源，减少对化石性能源资源的消费需求，在寻求新的经济增长点的同时，实现资源和生态环境的可持续发展。

8. 茫崖生态经济规划

茫崖位于柴达木生态特区西北部，东邻冷湖，南邻格尔木市，西部、北部与新疆巴音郭楞蒙古自治州若羌县接壤；下辖 2 个镇，辖区面积为 32073 平方千米，总人口为 33565 人。其地形地貌以高山、丘陵、荒漠、戈壁和平原沼泽为主，平均海拔为 3000 米以上，属于暖温带高原荒漠干燥气候。该地区昼夜温差较大，年均气温为 4.7℃，年日照时长为 3040 小时，为柴达木生态特区日照时数较长的第三个地区。该地区年均降水量较少，仅为 30.9 毫米，为该地区生物资源的生长带来了一定的障碍。

从茫崖的资源优势度看，茫崖的矿产资源优势度较高，其已探明的矿产资源有 26 种，产地 77 处，大型矿床 8 处，其中，石棉居全国之首。该地区石油、天然气、钾矿资源储量丰富，形成了以石油、天然气、钾盐、石棉为主的工业生产体系，使得其工业区位熵在柴达木生态特区处于高水平状态。该地区农业和服务业发展相对较为滞缓，使得其农业区位熵、服务业区位熵均处于低水平状态。

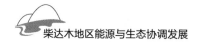
为此，茫崖在生态文明的建设过程中，首先，应加大生态保护力度，实施矿区生态修复；其次，应延长石油、天然气、石棉等产品生产的产业链，在提高产品附加值的同时，提高资源利用效率；最后，应加快太阳能、风能产业发展，减少化石性能源消费，以减小对生态环境的需求压力。

（三）建立健全市场机制，完善各项法令规章制度

党的十九大以后，生态文明领域的改革重点应该逐步由主要靠政府、利用行政手段推动，向建立市场体系、充分发挥市场活力、发挥市场在生态文明建设中的决定性作用方面转变。因此，柴达木生态特区在特区建设的过程中，应通过价格体制的改进，建立完善的价格体系，构建自然资源产权交易市场、排污权交易市场、生态产品交易市场等市场体系，充分发挥自然资源所有权、排污权、取水权等重要市场要素的杠杆作用，并逐步使之在调节自然资源配置、改善生态环境中发挥决定性作用。

为加强生态文明建设和生态环境保护，柴达木生态特区应建立健全资源开发利用及生态环境保护等方面的规章制度。在管理制度上，柴达木生态特区可通过构建生态红线制度、产权交易制度、排污权交易制度、补偿制度、市场准入制度、排放标准等，对企业和个人的生产活动行为起到强有力的约束作用。尤其是在排放标准的制定上既要进行总量控制，也要进行个量控制，只有这样，才能实现对污染、废弃物的有效管理。在生态文明决策制度上，柴达木生态特区应搞好顶层设计和整体布局，统筹兼顾，充分发挥各方合作力量，将生态文明建设融入到经济、政治、文化、社会各领域，从而为合理制定生态文明制度提供有力的保障。在生态文明考核制度上，柴达木生态特区应将生态文明建设水平与生态环境保护成效指标纳入到地方政府考核评价体系中，并实行严格的领导干部责任制，建立生态环境损害责任终身追究制，对造成一定生态经济损失的行为追究刑事或民事责任，从根本上杜绝地方官僚主义和地方保护主义的产生。

（四）大力引进高层次人才，实施专业人才培养计划，努力推进科技创新

邓小平曾提出，"科技是第一生产力"。新古典经济理论学者也将技术

作为经济增长的内生变量，纳入到经济增长模型之中。社会实践证明，技术对经济增长具有积极的推进作用。柴达木生态特区在生态特区建设的过程中，应加大科研技术投入力度，进一步推动企业自主研发，提高生产技术转化率，实行以科技促生产、以生产推科技的发展模式。为不断提升柴达木生态特区的科研能力，不仅要加大科研经费投资，还要加强人才储备。为此，柴达木生态特区应加大人力资源的储备，在人才建设上应积极引进高层次专业技术人才，通过感情留人、待遇留人等方法实现人才沉淀；同时，加强本土人才的培养，让他们跟着引进人才一起进入研发领域，从而为科技人才的培养奠定基础。柴达木生态特区还应加强与高校、国内外知名企业之间联动，这对技术引进、传播和推广，具有积极的推进作用。日本在这方面的经验值得借鉴，其采用产学研三位一体的模式，提高了科技的研发能力及创新能力，从而为生态文明建设打下了坚实的基础。

（五）提高民众生态环境保护意识，提倡绿色消费，构建民间保护组织

柴达木生态特区在生态特区建设的过程中，应借助各种媒体，如报纸、杂志、期刊、新闻、电视、广播等途径，宣传和传播生态文明建设思想，提高人们对环境的保护意识；应通过各种人性化的路标，强化人们的思想意识，这对全民树立环保观念具有积极意义；同时，应倡导全民绿色消费观念，通过绿色消费，增进人们对生态文明建设的参与意识；应充分发挥民间力量，积极组建民间环保组织，对生态环境实施监管与保护。

（六）积极开拓融资渠道，促进融资渠道的多元化发展

柴达木生态特区在生态文明建设的过程中，生产资本结构比较单一，除政府直接投资外，民间股份投资已成为柴达木生态特区生产资金的主要来源。民间融资具有规模小且分散的特点，因而民营企业的生产规模和能力较小，极大地阻碍了民间企业进行技术改革和技术创新的能力，使得这些民营企业大多以传统的、落后的工艺方式进行生产，从而造成资源消耗过多，废弃物、污染物排放较多，环境污染较严重的现象，不利于柴达木生态特区生态环境保护。为实现地区生态经济的可持续发展，柴达木生态

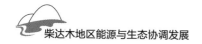

特区应采取相应措施，加大政府扶持力度，设置专项基金，放宽金融政策，为生产企业提供更多的金融产品和金融服务；同时，采取多元化的融资渠道，将民间融资与政府及金融市场的资本有机结合，在充分保证生产企业生产资本需要的同时，为企业实行技术创新提供可靠的资金保障。

　　总之，柴达木生态特区的建设过程是任重而道远的，提高技术水平，科学合理规划，加强生态文明制度体系的建设，加强政府、市场、民众之间的合作，是保障柴达木生态特区生态文明建设的重大支撑力量。

第七章
研究结论与不足

一、结论

　　本书通过对柴达木生态特区能源资源的开发利用与消费现状、碳排放及能源与经济增长之间的关系进行分析，得出柴达木生态特区能源生产对地区经济增长具有积极的促进作用。虽然柴达木生态特区能源生产正逐步向清洁型能源的方向发展，但其能源消费仍以化石性能源消费为主。然而化石性能源属于不可再生资源，其存量会随着人类开采、开发利用规模的不断增大而逐渐减少，且化石性能源的开发利用对生态环境也会造成不同程度的影响。其开发利用不仅会对土地资源造成一定的影响与破坏，而且对大气环境也会产生一定的影响。本书通过对柴达木生态特区碳排放进行分析，发现柴达木生态特区由于能源消费需求的增加，造成人均碳排放量从 2008 年的 7.07 吨上升到 2019 年的 17.56 吨，碳排放量呈逐年上升趋势。因此，柴达木生态特区年均气温由 2008 年的 2.9℃上升到 2019 年的 4.2℃，年均气温总体上升了 1.3℃。由于气温升高，柴达木生态特区永冻土开始融解，冰川开始融化，雪线上升，这不利于"三江源"生态环境和淡水资源的保护。因此，柴达木生态特区对常规性能源的开发利用应采取以油、气为主，以煤炭为辅，适度开发水能资源的生产模式。柴达木生态特区在能源开发利用的过程中，应采取垂直合并、水平整合和混合整合的模式，提高资源综合利用效率，减少对自然生态环境的破坏与污染，以实现对化石性能源资源的合理开发利用，并保护生态环境。同时，柴达木生态特区还应加强对风能、太阳能的开发利用。因为风能、太阳能属于恒定性资源，具有取之不尽、用之不竭的特点，且风能和太阳能利用对生态环境的影响

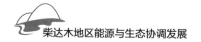

与化石性能源资源开发利用造成的影响相比要小得多，其属于清洁型能源。虽然近年来柴达木生态特区风能和太阳能产业在不断发展壮大，但 2019 年其发电量仅占柴达木生态特区发电总量的 60% 左右。根据柴达木生态特区风能和太阳能的资源禀赋特点，柴达木生态特区风能和太阳能仍具有很大的发展空间。因此，大力发展新能源产业，替代传统能源产业已成为柴达木生态特区能源产业发展的目标与方向。为促进柴达木生态特区能源产业的进一步发展，并对能源资源实施合理的开发利用，柴达木生态特区应首先进一步调整产业结构和能源消费结构，实现对能源资源的可持续利用；其次，应加大科研技术投入力度，提高资源利用效率；再次，应加强制度体系建设，进一步完善市场机制；最后，应加大政府扶持力度，提供更多的融资渠道。

为揭示柴达木生态特区生态环境发展状况，本书通过对柴达木生态特区生态足迹和生态承载力进行分析发现，随着社会经济的不断发展，柴达木生态特区各种生产性用地的生态足迹总体上呈不断上升趋势，尤其是化石燃料用地和草地的生态足迹增长较快，造成柴达木生态特区草地和化石性燃料用地的生态盈余水平下降，生态安全由稍不安全转变为较不安全，生态环境呈退化趋势，这不利于柴达木生态特区生态环境的可持续发展。本书通过对柴达木生态特区生态与经济的耦合协调分析发现，随着柴达木生态特区经济的快速增长，生态环境呈逐年退化的趋势，导致 2008 年柴达木生态特区生态与经济耦合协调类型处于严重失调经济损益型。为促进人与自然的和谐发展，实现社会经济的可持续发展，在青海省提出生态立省的发展战略后，柴达木生态特区积极响应，对产业结构、能源结构、发展模式等及时做出调整，在追求经济产出的同时，注重对生态环境的保护，从而使柴达木生态特区生态环境与经济社会发展的耦合协调度由 2008 年的 0.281 上升到 2019 年的 0.828，耦合协调类型也由 2008 年的严重失调发展经济损益型，转变为 2019 年的良好协调发展经济主导型，从而实现了"生态促经济，经济保生态"的良性发展。

为保证柴达木生态特区的合理构建，本书采用因子分析法对柴达木生态特区建设的制约因素进行了分析，发现：随着社会经济的发展，人均收入水平的提高，人们的物质文化需求亦发生转变，导致对生态环境的需求也随之增加；随着柴达木生态特区经济建设步伐的加快，其对能源资源的开发力度也不断加大，能源消费需求不断增加。由于生产技术水平滞后，导致常规性能源资源单位产出率低，资源消耗大，浪费和污染现象严重，使得柴达木生态特区化石性燃料用地的生态盈余出现赤字；同时，草地和建设用地生态盈余水平逐年下降，致使整个柴达木生态特区生态平衡赤字水平上升，生态安全度下降。因此，柴达木生态特区在生态文明建设的过程中应积极采取措施：加强对居民的思想宣传教育，转变居民消费结构和消费行为，大力倡导绿色消费；转变投资结构与投资方向，对高耗能、高污染的产业应采取一定的限制措施，加强惩处力度，建立专项资金，采取预防性措施，使其生产活动行为对生态环境的破坏与污染控制在一定范围内；加大对绿色生态产业的投入力度，通过生产设备和技术水平的提高，加大资源综合开发利用效率，减少资源消耗和废弃物的排放，以实现清洁化生产，促进地区生态环境的保护，实现地区生态经济的稳定协调发展。

为促进柴达木生态特区的可持续发展，本书结合国内外生态特区建设的实践经验提出，柴达木生态特区在生态文明建设的过程中，应积极转变发展模式，以适应当前柴达木生态特区生态文明建设的需要。首先，应转变政府职能，走政府、市场、民众合作参与的模式，充分发挥各方力量促进生态文明建设。其次，为保证生态文明的可持续发展，应采取资源—技术—生态良性循环的发展模式，通过发展循环经济，实现生态、资源、经济的共赢。最后，在发展循环经济的过程中，采取纵向合闭、横向耦合和区域耦合相结合的模式，以确保柴达木生态特区生态文明建设的顺利进行。

为保障柴达木生态特区发展模式的顺利转型，本书提出，柴达木生态特区应采取以下几点措施：第一，柴达木生态特区应明确政府在生态文明建设中的地位与作用。第二，柴达木生态特区应统筹兼顾、合理规划。本书通过对柴达木各地区资源优势度和经济优势度进行分析与评价，提出柴达木各地区应依托资源优势，结合自身生态安全状况，制定合理的生态规划，以保证柴达木生态特区生态经济的和谐发展。具体而言，格尔木市应以自然生态保护为主，积极发展特色产业，改善城市生态环境；德令哈市应加快绿色农业生产和特色工业发展，积极保护城市生态环境；乌兰县应合理规划草地资源，积极发展生态农业，提高矿产资源的开发利用率；大

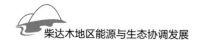

柴旦应大力实施草地生态退化防治，加强区域合作，提高资源综合开发利用能力；都兰县应加大草地生态建设，大力发展现代畜牧业，实施矿产资源的适度开采；天峻县应加大生态环境治理，积极发展生态畜牧业，提高资源利用效率；冷湖应大力发展循环经济，提高矿产资源利用效率；茫崖应加强石棉、石油、天然气等资源的综合开发利用，积极发展清洁型能源产业。第三，建立健全市场机制，完善各项法令规章制度。根据西方发达国家及国内福建等省生态文明建设的经验可知，构建完善的市场体系和制度体系，能为地区生态文明建设提供有力的市场与制度保障。第四，构建民间保护组织，提高民众环保意识，在自觉、自律地保护生态环境的基础上，发挥民众力量，适时进行监督，以弥补政府监管力度不足等缺陷。第五，积极开拓融资渠道，实现融资渠道多元化发展，以保证柴达木生态特区生态文明建设的顺利进行。

二、研究的不足之处

由于笔者研究水平有限，本书对柴达木生态特区第一、第二、第三产业发展状况的了解不够深入、透彻；加之研究资料有限，本书对柴达木生态特区能源、生态环境及经济发展的研究仍存在较大的不足。这将成为笔者后续研究的主要目标：对柴达木生态特区的能源、生态环境及经济发展进行进一步的分析研究，以期为柴达木生态特区实现资源、生态、经济的可持续发展提供可资借鉴的意见。

参考文献

[1] 生态文明建设 [EB/OL]. [2021-03-05]. https：//max. book118. com/html/2021/0305/6224241102003113. shtm.

[2] 生态文明建设的内涵浅析 [EB/OL]. [2015-01-03]. https：//www. doc88. com/p-3807515054624. html？r＝1.

[3] 陈一新. 论生态文明 [N]. 中国经济时报, 2011-01-06 (A01).

[4] 邵冰. 日本的气候变化政策 [J]. 学理论, 2010 (33)：119-120.

[5] 陈晓雨婧, 冯舒芮, 夏建新. 基于 P-S-R 模型的甘肃省生态安全评价 [J]. 西安科技大学学报, 2019, 39 (1)：175-181.

[6] 赵颜柳. 浅析马克思的生态思想及其对中国生态文明建设的启示 [J]. 学理论, 2011 (3)：83-84.

[7] 坚持综合开发 循环利用 推动产业融合发展 [N]. 柴达木报, 2010-04-16.

[8] 柴达木开发研究编辑部. 柴达木循环经济实验区建设的必要性 [J]. 柴达木开发研究, 2011 (3)：1.

[9] 宗英. 浅议柴达木盆地生态环境现状及保护建设对策 [J]. 陕西林业科技, 2014 (1)：48-50+71.

[10] 高尚全. 改革开放 40 年的重要成就和基本经验 [J]. 党史文汇, 2018 (12)：4-6.

[11] 和欢. 黑龙江省新能源产业对经济增长的贡献研究 [D]. 哈尔滨：黑龙江大学, 2016.

[12] 阿依努尔·买买提. 基于 GIS 的喀什地区生态安全综合评价研究 [D]. 乌鲁木齐：新疆大学, 2018.

[13] 吴磊. 基于生态足迹理论的新疆可持续发展研究 [D]. 乌鲁木

齐：新疆大学，2015.

[14] 杨俊玲. 德国产品包装回收经验及启示 [J]. 当代经济，2019 (3)：112-114.

[15] 葛敬豪，王顺吉，张晓霞. 论德国、日本、澳大利亚和美国生态环境保护的特点 [J]. 长春理工大学学报（社会科学版），2010，23 (6)：42-44+53.

[16] 梅凤乔. 论生态文明政府及其建设 [J]. 中国人口·资源与环境，2016，26 (3)：1-8.

[17] 张子玉. 中国特色生态文明建设实践研究 [D]. 长春：吉林大学，2016.

[18] 张自伟. 临泽县生态文明示范县建设研究 [D]. 兰州：西北师范大学，2017.

[19] 陈一新. 生态文明理论与实践的八大问题 [J]. 政策瞭望，2010 (11)：6-11.

[20] 张振中. 自然法则是生态文明的根本法则 [EB/OL]. [2020-04-26]. https：//new. qq. com/omn/20200426/20200426A09DS700. html.

[21] 于洋，陈才. 区域视角下中国经济—能源—环境—科技四元系统耦合水平演变特征及提升策略 [J]. 经济问题探索，2018 (5)：139-144+157.

[22] 李锦. 辽宁省能源消费结构与经济增长的相关性研究 [J]. 企业改革与管理，2017 (14)：222-223.

[23] 彭向刚，向俊杰. 中国三种生态文明建设模式的反思与超越 [J]. 中国人口·资源与环境，2015，25 (3)：2-18.

[24] 马远鑫. 陕西省能源消费及构成对经济增长的影响研究 [D]. 西安：西北大学，2009.

[25] 杜左龙，陈闻君. 基于脱钩指数新疆经济增长与能源消费的关联分析 [J]. 新疆农垦经济，2014 (11)：55-58.

[26] 范珊珊，马友华. 中国生态文明建设模式区域性特征研究 [J]. 环境保护与循环经济，2015 (7)：4-8.

[27] 王进忠. 推进生态文明建设　建立提高能源利用率的新模式 [J].

才智，2013（18）：245.

[28] 高静. 生态文明建设视域下中国低碳经济发展研究 [D]. 沈阳：东北大学，2011.

[29] 俞可平. 科学发展观与生态文明 [J]. 马克思主义与现实，2005（4）：4-5.

[30] 胡鞍钢，王绍光. 政府与市场 [M]. 北京：中国计划出版社，2000：9-14.

[31] 李叔君，李明华. 社区协同治理：生态文明建设的路径与机制探析 [J]. 前沿，2011（8）：188-190.

[32] 肖宏伟. 用电量与经济增长"短期背离"的原因分析 [J]. 宏观经济管理，2015（6）：27-29.

[33] 董学宇. 环保执行力的低效困境与改善路径 [D]. 重庆：西南政法大学，2010.

[34] 王东峰. 关于运用市场机制实施生态环境治理情况的调查 [J]. 中国工商管理研究，2000（12）：11-13.

[35] 杨洪刚. 中国环境政策工具的实施效果及其选择研究 [D]. 上海：复旦大学，2009.

[36] 王津，陈南，姚泊，刘娟. 环境 NGO——中国环保领域的崛起力量 [J]. 广州大学学报（社会科学版），2007（2）：35-38.

[37] 赵素兰. NGO：环境保护运动中一支不可或缺的积极力量 [J]. 社科纵横，2007（7）：44-46.

[38] 陆学艺. 2013 年中国社会形势分析与预测 [M]. 北京：社会科学文献出版社，2012：13.

[39] 刘宗超，贾卫列，等. 生态文明理念与模式 [M]. 北京：化学工业出版社，2015.

[40] 宋言奇. 非政府组织参与环境管理：理论与方式探讨 [J]. 自然辩证法研究，2006（5）：59-63+99.

[41] 海西州统计局. 海西州统计年鉴 2019 [M]. 德令哈：海西州统计局，2019.

[42] 杨友麒，刘裔安. 国外化工园区的发展现况和启示 [J]. 现代化

工，2020，40（1）：1-7+13.

[43] 于杨．日本低碳社会实践对我国的启示 [J]．法制博览，2018：12.

[44] 刘青，杜晓洋．日本循环经济发展模式经验探讨 [J]．现代商业，2019（6）：182-183.

[45] 吴真，李天相．日本循环经济立法借鉴 [J]．现代日本经济，2018，37（4）：59-68.

[46] 董联党，顾颖，王晓璐．日本循环经济战略体系及其对中国的启示 [J]．亚太经济，2008（2）：68-72.

[47] 何园园．生态效率视角下的循环经济发展模式判别——基于甘肃省2000—2013年数据的研究 [J]．合肥学院学报（综合版），2017，34（5）：12-18+32.

[48] 逯进，常虹，汪运波．中国区域能源、经济与环境耦合的动态演化 [J]．中国人口·资源与环境，2017，27（2）：60-68.

[49] 诸大建，朱远．从生态效率的角度深入认识循环经济 [J]．中国发展，2005（1）：6-11.

[50] 诸大建，邱寿丰．生态效率是循环经济的合适测度 [J]．中国人口·资源与环境，2006（5）：1-6.

[51] 汪振双，赵宁，苏昊林．能源—经济—环境耦合协调度研究——以山东省水泥行业为例 [J]．软科学，2015，29（2）：33-36.

[52] 杨华锋．后工业社会的环境协同治理 [M]．长春：吉林大学出版社，2013：53.

[53] 谢园园，傅泽强．基于生态效率视角的循环经济分析 [J]．生态经济，2012（9）：49-51.

[54] 刘景洋，乔琦，郭玉文，等．基于生态效率的循环经济重点行业评估 [J]．再生资源与循环经济，2012，5（4）：12-14.

[55] 宫本宪一．环境经济学 [M]．北京：生活·读书·新知三联书店，2004：100.

[56] 翟金良．我国资源环境问题及其控制对策与措施 [J]．中国科学院院刊，2007（4）：276-283.

[57] 薛惠锋，卢亚丽，张强．中国资源环境问题与社会经济问题的作

用机理分析［J］．环境保护，2008（18）：4-7.

［58］叶文虎，甘晖．循环经济研究现状与展望［J］．中国人口·资源与环境，2009，19（3）：102-106.

［59］刘亦文．能源消费、碳排放与经济增长的可计算一般均衡分析［D］．长沙：湖南大学，2013.

［60］尹超．中国新能源产业对经济增长影响程度的实证研究［D］．保定：河北大学，2014.

［61］国家循环经济试点单位（第一批）［EB/OL］．［2015-04-14］．https：//www.docin.com/p-1122647826.html.

［62］马凯．贯彻和落实科学发展观　大力推进循环经济发展［A］．循环经济与煤炭产业可持续发展文集［C］．北京：煤炭工业出版社，2006：17-26.

［63］段宁．清洁生产、生态工业与循环经济［J］．环境科学研究，2001，14（6）：1-4.

［64］王兆华，尹建华．工业生态学与循环经济理论：一个研究综述［J］．科学管理研究，2007（1）：25-28.

［65］洪大用．转变与延续：中国民间环保团体的转型［J］．管理世界，2001（6）：56-62.

［66］崔和瑞，王娣．基于 VAR 模型的中国能源—经济—环境（3E）系统研究［J］．北京理工大学学报（社会科学版），2010，12（1）：23-28.

［67］徐若瑜，廖良美．企业走循环经济之路的策略［J］．湖北工业大学学报，2008，23（6）：21-22.

［68］胡海军．循环经济研究若干动向述评［J］．当代经济，2007（10）：174-175.

［69］吴季松．落实科学发展观，发展循环经济［J］．技术经济，2006（1）：1-7.

［70］张小兰．论实行循环经济的制度障碍［J］．经济问题，2005（2）：28-30.

［71］任正晓．中国西部地区生态循环经济研究［D］．北京：中央民族大学，2008.

［72］王国印．论循环经济的本质与政策启示［J］．中国软科学，2012（1）：26-38．

［73］王兴琼．中国循环经济研究中管理学研究的缺位及建议［J］．四川师范大学学报，2013，40（1）：18-24．

［74］曲格平．发展循环经济是 21 世纪的大趋势［J］．机电产品开发与创新，2001（6）：10-13．

［75］马江．中国欠发达地区发展循环经济的探析与研究［D］．成都：四川大学，2007．

［76］刘刚．中国区域循环经济发展问题研究［D］．武汉：华中科技大学，2007．

［77］何东．论区域循环经济［D］．成都：四川大学，2007．

［78］马江．中国欠发达地区发展循环经济的探析与研究［D］．成都：四川大学，2007．

［79］格尔木市统计局．格尔木市统计年鉴 2019［M］．格尔木：格尔木市统计局，2019．

［80］李昕．区域循环经济理论基础和发展实践研究——以吉林省为例［D］．长春：吉林大学，2007．

［81］李新英．新疆循环经济发展现状、问题及其对策［J］．新疆社科论坛，2006（3）：38-42．

［82］刘庆广．甘肃循环经济发展模式研究［D］．兰州：兰州大学，2007．

［83］陈艳艳．国外循环经济的最新发展趋势［J］．上海企业，2006（10）：32-33．

［84］冯之浚．"循环经济"是个大战略［J］．科学学与科学技术管理，2003（5）：1．

［85］周兵，黄志亮．论国外循环经济理论及实践［J］．经济纵横，2006（4）：40-42．

［86］李慧明，王军锋，朱红伟．论循环型社会的内涵和意义［J］．中国发展，2005（2）：4-7．

［87］寥红．循环经济理论：对可持续发展的环境管理的新思考［J］．

中国发展，2002（2）：28-34.

[88] 沈耀良. 循环经济——原理及其发展战略 [J]. 污染治理技术，2003，16（2）：1-5.

[89] 冯之浚. 论循环经济 [J]. 福州大学学报，2005（2）：5-13.

[90] 刘学敏. 中国推进循环经济的深层障碍 [J]. 经济纵横，2005（7）：17-19.

[91] 刘学敏. 用高新技术支撑循环经济 [J]. 中国科技投资，2007（11）：66-67.

[92] 金涌. 循环经济需要解决三个平台建设问题 [J]. 中国科学院院刊，2006，21（6）：445-446.

[93] 辜秋琴. 基于循环经济的企业行为约束及其选择分析 [J]. 生产力研究，2007（9）：10-11.

[94] 沈金生. 企业循环经济利益实现风险分析与应对 [J]. 东岳论丛，2010，31（7）：45-49.

[95] 施中云. 循环经济中企业行为的协调博弈分析 [J]. 华东经济管理，2006，20（9）：25-27.

[96] 奈民夫·那顺，梁继业，邢恩德. 新形态的循环经济与循环经济学的研究 [J]. 内蒙古农业大学学报（自然科学版），2002（1）：107-111.

[97] 赵亚凡，宋明大. 循环经济——中国实现可持续发展的途径 [J]. 城市规划汇刊，2002（2）：59-61.

[98] 解振华. 大力发展循环经济 [J]. 求是，2003（13）：53-55.

[99] 冯之浚. 明确循环经济概念　加强循环经济立法研究 [J]. 高科技与产业化，2007（7）：44-47.

[100] 刘雪飞. 发展循环经济与自然资源约束的生态学意义 [J]. 中国国土资源经济，2009（1）：21-22.

[101] 吴季松. 循环经济的由来与内涵 [J]. 科技术语研究，2006，8（1）：51-54.

[102] 陈勇. 关于循环经济认识论基础的探讨 [J]. 软科学，2010，24（1）：141-144.

［103］诸大建. 循环经济与上海可持续发展［J］. 上海环境科学，1998，17（10）：1-10.

［104］李汝雄，王建基. 循环经济是实现可持续发展的必由之路［J］. 环境保护，2000（11）：29-30.

［105］单宝. 解读循环经济［J］. 生产力研究，2005（3）：13-15.

［106］周青，廖明岚，王俊. 浅析"循环经济"的几点认识误区［J］. 行政与法，2008（8）：39-41.

［107］于洋. 实现人类可持续发展的经济模式——循环经济［J］. 商业文化，2010（4）：120-121.

［108］孟耀. 循环经济的原则和发展层次问题探析［J］. 经济与管理，2006，20（10）：5-8.

［109］乔琦，孟立红. 循环经济行业 2017 年发展综述［J］. 中国环保产业，2018（12）：19-24.

［110］郭曜诚，蔡立群. 循环经济理念在环境规划中的应用［J］. 农民致富之友，2018（22）：14.

［111］柴麒敏. 建议设立新时期的西部能源和生态特区［EB/OL］.［2014-10-28］. http：//finance. sina. com. cn/stock/t/20141028/013820656191. shtml.

［112］牛端丹，李元哲，李家轩，武闯，赵丽娅. 循环农业的基本模式分析［J］. 资源开发与市场，2019，35（12）：1449-1451.

［113］刘贵清. 循环经济的生态学基础探究［J］. 生态经济，2013，29（9）：106-109.

［114］张胜旺. 可持续发展模式下经济效益与生态效益的关系分析［J］. 生态经济，2013，29（2）：67-71.

［115］万程成，周葵，王超，等. 中国农业循环经济发展效率评估——基于超效率 DEA 模型［J］. 数学的实践与认识，2018，48（19）：34-45.

［116］马晓君，李煜东，王常欣，等. 约束条件下中国循环经济发展中的生态效率——基于优化的超效率 SBM-Malmquist-Tobit 模型［J］. 中国环境科学，2018，38（9）：3584-3593.

［117］张瑜．生态工业园区循环经济绩效评价方法比较［J］．经济研究参考，2017（69）：3-9．

［118］许乃中，曾维华，薛鹏丽，等．工业园区循环经济绩效评价方法研究［J］．中国人口·资源与环境，2010，20（3）：44-49．

［119］佘颖，刘耀彬．国内外绿色发展制度演化的历史脉络及启示［J］．长江流域资源与环境，2018，27（7）：1490-1500．

［120］薛伟贤，郑玉雯，王迪．基于循环经济的中国西部地区生态工业园区优化设计研究［J］．中国软科学，2018，33（6）：82-96．

［121］齐林，邹雅迪，李飞，黎晓奇，张健．园区循环经济系统有序度研究：基于复杂网络结构熵视角［J］．科技管理研究，2017，37（22）：242-247．

［122］肖序，陈翔．企业循环经济物质流—价值流原理与优化研究［J］．山东社会科学，2017（5）：153-159．

［123］黄和平．基于生态效率的江西省循环经济发展模式［J］．生态学报，2015，35（9）：2894-2901．

［124］周英男，陶斌，赵晓东．中国循环经济的产业化影响因素分析［J］．中国人口·资源与环境，2013，23（S2）：147-149．

［125］王晓红，冯严超．环境规制对中国循环经济绩效的影响［J］．中国人口·资源与环境，2018，28（7）：136-147．

［126］李斌，曹万林．环境规制对中国循环经济绩效的影响研究——基于生态创新的视角［J］．中国软科学，2017，31（6）：140-154．

［127］王乐，武春友，吴荻．区域循环经济的概念与内涵研究［J］．湖北社会科学，2012，26（5）：65-68．

［128］肖华茂．区域循环经济发展模式探索［J］．工业技术经济，2007，26（1）：3-7．

［129］侯纯光，程钰，任建兰，等．科技创新影响区域绿色化的机理——基于绿色经济效率和空间计量的研究［J］．科技管理研究，2017，37（8）：250-259．

［130］李云燕，殷晨曦．建立科学评价体系，推进循环经济发展［J］．环境保护，2016，44（17）：21-26．

［131］慈福义，陈烈．循环经济模式的区域思考［J］．地理科学，2006，26（3）：273-276.

［132］冯之浚．论循环经济［J］．福州大学学报（哲学社会科学版），2005（2）：1-9.

［133］周宏春．循环经济中隐藏的"学问"［J］．再生资源与循环经济，2009，2（10）：14-16.

［134］吴季松．循环经济［M］．北京：北京出版社，2003.

［135］吴易明．循环经济与经济可持续发展［J］．经济师，2002（10）：84-85.

［136］冯之浚．论循环经济［J］．福州大学学报（哲学社会科学版），2005（2）：1-9.

［137］李兆前．发展循环经济是实现区域可持续发展的战略选择［J］．中国人口·资源与环境，2002，12（4）：51-56.

［138］黄建军，刘建新，陈雪阳．循环经济产业化的实现形式及其发展途径［J］．科技进步与对策，2005，22（5）：20-22.

［139］顾丽，彭福扬．面向循环经济的企业技术创新研究［J］．科学学与科学技术管理，2005，26（2）：50-53.

［140］王晓光．发展循环经济的基本途径与对策研究［J］．软科学，2003，17（1）：31-33.

［141］信红柳．德国工业循环经济发展探析［D］．长春：吉林大学，2014.

［142］范琳．基于 MFA 的区域循环经济指标体系构建及应用研究［D］．青岛：青岛科技大学，2017.

［143］庞小宁，王柳．基于主成份分析法的循环经济综合评价的指标体系构建［J］．统计与决策，2012（14）：56-58.

［144］乔瑞中，姜国刚，张兴福．区域循环经济发展水平的评价方法［J］．东北林业大学学报，2009，37（12）：109-110.

［145］李晓燕．基于模糊层次分析法的省区低碳经济评价探索［J］．华东经济管理，2010，24（2）：24-28.

［146］张晓芳．基于模糊层次分析法的甘肃省低碳经济发展评价研究

［J］. 甘肃科技纵横，2014，43（4）：4-7.

［147］姜瑾. 中国循环经济发展影响因素的实证研究［J］. 科技管理研究，2013，33（10）：219-223.

［148］曾琳，张天柱. 循环经济与节能减排政策对中国环境压力影响的研究［J］. 清华大学学报（自然科学版），2012，52（4）：478-482.

［149］李兆前. 发展循环经济是实现区域可持续发展的战略选择［J］. 中国人口·资源与环境，2002，12（4）：53-58.

［150］中华人民共和国国民经济和社会发展第十二个五年规划纲要［EB/OL］. ［2011-03-16］. http：//www. gov. cn/zhuanti/2011-03/16/content_2623428. htm.

［151］吴刘仓，程晓歌，马婷. 中国经济发展与能源消费、环境关系的实证分析［J］. 生态经济（学术版），2011（2）：59-62.

［152］德令哈市统计局. 德令哈市统计年鉴2019［M］. 德令哈：德令哈市统计局，2019.

［153］乌兰县统计局. 乌兰县2019年国民经济和社会发展统计公报［R］. 2019.

［154］大柴旦行委经济发展改革和统计局. 大柴旦2019年国民经济和社会发展统计公报［R］. 2019.

［155］王秀丽. 中国能源消费与经济增长的实证研究［J］. 统计与决策，2014（20）：136-138.

［156］张子荣. 中国经济增长与能源消费关系的实证分析［J］. 商业经济研究，2018（17）：36-39.

［157］白斌飞，丁晟根. 甘肃省能源消耗与经济增长关系研究——基于1995-2013年基础数据［J］. 中国管理信息化，2015，18（22）：128-129.

［158］张忠斌，蒲成毅. 能源消耗与经济增长关系的动态机理分析——基于C-D生产函数［J］. 科技管理研究，2014，34（5）：226-230.

［159］宋锋华，王峰，罗夫永. 中国能源消费与经济增长研究：1978~2014［J］. 新疆社会科学，2016（6）：23-30+167.

［160］吴传清，万庆. 湖北省能源消费与经济增长关系研究［J］. 统计

与决策，2014（2）：132-135．

［161］张洁．台湾地区能源消费与经济增长关系实证研究［J］．经济研究导刊，2018（8）：32-37．

［162］张波，杨艳丽，徐小宁．中国能源发展及其对经济与环境的影响［J］．能源与环境，2015（3）：7-10．

［163］王娟．重庆市能源消费与经济增长现状分析［J］．对外经贸，2012（4）：83-84+92．

［164］张杰，王志文．辽宁省 GDP 与能源消耗关系的实证分析［J］．沈阳工业大学学报（社会科学版），2015，8（4）：312-316．

［165］叶丽娜．宁夏能源消费与经济增长关系的研究［J］．经济论坛，2017（9）：44-48．

［166］钟爽，李国柱，张潞．吉林省能源消费与经济增长关系研究［J］．中国人口·资源与环境，2014，24（S3）：41-44．

［167］曹志鹏，李倩，李宇才．陕西省经济增长与能源消费的互动关系研究［J］．企业经济，2013，32（4）：140-143．

［168］杨阳，张烨．山西省能源消费结构与经济增长的关系研究［J］．改革与开放，2015（12）：9-10+12．

［169］Chang Yan, Yuan Chenghao, Ouyang Huimin. Research on Comprehensive Benefit Evaluation of Contract Energy Management Based on Grey Whitening Weight Function［J］. IOP Conference Series：Earth and Environmental Science，2019，242（2）：1-7．

［170］Wanlu Wu, Yuanyuan Cheng, Xiqiao Lin, Xin Yao. How Does the Implementation of the Policy of Electricity Substitution Influence Green Economic Growth in China？［J］. Energy Policy，2019（131）：251-261．

［171］Halkos E. George, Papageorgiou J. George, Halkos G. Emmanuel. Papageorgiou G. John Environmental Regulation and Economic Cycles［J］. Economic Analysis and Policy，2019（64）：172-177．

［172］Luca Marrucci, Tiberio Daddi, Fabio Iraldo. The Integration of Circular Economy with Sustainable Consumption and Production Tools：Systematic Review and Future Research Agenda［J］. Journal of Cleaner Production，2019，

240: 118-268.

［173］Efigênia Rossi, Ana Carolina Bertassini, Camila dos Santos Ferreira. Circular Economy Indicators for Organizations Considering Sustainability and Business Models: Plastic, Textile and Electro-electronic Cases ［J］. Journal of Cleaner Production, 2020 (247): 119-137.

［174］Janet L. Cancer Now Leading Cause of Death in China ［J］. World Environment, 2011 (7): 41-42.

［175］Annegrete Bruvollab. Taxing Virgin Materials: An Approach to Waste Problems ［J］. Resources Conservation and Recycling, 1998, 22 (1): 15-29.

［176］Michael Bottery. Refocusing Educational Leadership in an Age of Overshoot: Embracing an Education for Sustainable Development ［J］. International Studies in Educational Administration, 2011, 39 (2): 3-16.

［177］Holger Patzelt, Dean A. Shepherd. Recognizing Opportunities for Sustainable Development ［J］. Entrepreneurship Theory and Practice, 2011, 35 (4): 631-652.

［178］J. F. Reddick, H. Von Blottnitz, B. Kothuis. Cleaner Production in the South African Coal Mining and Processing Industry: A Case Study Investigation ［J］. International Journal of Coal Preparation and Utilization, 2008, 28 (4): 224-236.

［179］F. den Hond. Industrial Ecology: A Review ［J］. Regional Environment Change, 2000, 1 (2): 60-69.

［180］Subhas K. Sikdar. Sustainability and Recycle-Reuse in Process Systems ［J］. Clean Technologies and Environment Policy, 2007, 9 (3): 167-174.

［181］Andrew H. Chen, Jennifer Warren. Sustainable Growth for China: When Capital Markets and Green Infrastructure Combine ［J］. The Chinese Economy, 2011, 44 (5): 86-103.

［182］Frosch Robert A., Nicholas E. Gallopoulos. Strategies for Manufacturing ［J］. Scientific American, 1989, 261 (3): 144-152.

［183］Raymond. Industrial Ecosystems: An oxymoron, Eco-cycle News

柴达木地区能源与生态协调发展

[R]. Ottawa: Environment Canada, 1996.

[184] Erkman, Suren. Industrial Ecology: A Historical View [J]. Journal of Cleaner Production, 1997, 5 (1): 1-10.

[185] R. Cote E. Cohen-Rosenthal Designing Eco-industrial Parks: A Synthesic of Some Experiences [J]. Jorunal of Cleaner Preduction, 1998, 6 (3-4): 181-188.

[186] Stefan Bringezu , Helmut Schütz, Stephan Moll. Rationale for and Interpretation of Economy-Wide Material Flow Analysis and Derived Indicators [J]. Journal of Industrial Ecology, 2003, 7 (2): 43-64.

[187] Mikael Skou Andersen. An Introductory Note on the Environmental Economics of the Circular Economy [J]. Sustainability Science, 2007 (2): 133-140.

[188] Mare Sarr, Katharina Wick. Resources, Conflict and Development Choices: Public Good Provision in Resource Rich Economies [J]. Economics of Governance, 2010, 11 (2): 183-205.

[189] C. A. Tsiliyannis. Apportionment of Recycle to Industrial Reuser and Consumer [J]. Environmental Modeling and Assessment, 2008 (13): 195-208.

[190] Shin Yin Saw, Liangming Lee, Ming Hann Lim, et al. An Extended Graphical Targeting Technique for Direct Reuse/Recycle in Concentration and Property-Based Resource Conservation Networks [J]. Clean Technologies and Environmental Policy, 2011 (13): 347-357.

[191] Seiji Hashimoto, Yuichi Moriguchi. Proposal of Six Indicators of Material Cycles for Describing Society's metabolism: From the Viewpoint of Material Flow Analysis [J]. Resources Conservation and Recycling, 2004, 40 (3): 185-200.

[192] Geng Y. , Fu J. , Sarkis J. , Bing Xue. Towards a National Circular Economy Indicator System in China: An Evaluation and Critical Analysis [J]. Journal of Cleaner Production, 2012, 23 (1): 216-224.

[193] Yu Y. D. , Chen D. J. , Zhu B. , Shanying Hu. Eco - efficiency Trends in China, 1978-2010: Decoupling Environmental Pressure from Economic

Growth ［J］. Ecological Indicators, 2013（24）：177-184.

［194］Hu J., Xiao Z. B., Zhou R. J., et al. Ecological Utilization of Leather Tannery Waste with Circular Economic Model ［J］. Journal of Cleaner Production, 2011, 19（2/3）：221-228.

［195］Lehni, Markus. Eco-efficiency：Creating More Value with Less Impact ［M］. Umweltbezogenes Management, 2000.

［196］李文超, 田立新, 贺丹. 经济—能源—环境可持续发展的系统动力学研究——以中国为例 ［J］. 系统科学学报, 2014, 22（3）：54-57.

［197］苏静, 胡宗义, 唐李伟. 我国能源—经济—环境（3E）系统协调度的地理空间分布与动态演进 ［J］. 经济地理, 2013, 33（9）：19-24+30.

［198］苏宏伟, 庞德良. 中国经济—能源—环境系统协调水平地理空间分布与动态演进 ［J］. 经济问题探索, 2017（3）：1-9.

［199］黄新焕, 王文平, 蔡彬清. 我国能源—经济—环境系统协调发展评价 ［J］. 统计与决策, 2015（9）：68-70.

［200］盖美, 张福祥. 辽宁省区域碳排放—经济发展—环境保护耦合协调分析 ［J］. 地理科学, 2018, 38（5）：764-772.

［201］逯进, 常虹, 赵少平, 等. 山东省能源、经济与环境耦合关系的演化特征 ［J］. 经济地理, 2016, 36（9）：42-48.

［202］赵景逵, 朱荫湄. 美国露天矿区的土地管理及复垦 ［J］. 中国土地科学, 1991（1）：31-33.

［203］海西州统计局. 海西州统计年鉴 2017 ［R］. 2017.

［204］海西州统计局. 海西州统计年鉴 2018 ［R］. 2018.

［205］海西州统计局. 海西州统计年鉴 2016 ［R］. 2016.

［206］海西州统计局. 海西州统计年鉴 2015 ［R］. 2015.

［207］海西州统计局. 海西州统计年鉴 2014 ［R］. 2014.

［208］海西州统计局. 海西州统计年鉴 2013 ［R］. 2013.

［209］海西州统计局. 海西州统计年鉴 2012 ［R］. 2012.

［210］海西州统计局. 海西州统计年鉴 2011 ［R］. 2011.

［211］海西州统计局. 海西州统计年鉴 2010 ［R］. 2010.

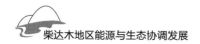

［212］海西州统计局．海西州统计年鉴 2009 ［R］．2009.

［213］海西州统计局．海西州统计年鉴 2008 ［R］．2008.

［214］青海省统计局．青海省统计年鉴 2019 ［R］．2019.

附　录

附表 1　柴达木生态特区固定资产投资、生产总值、劳动就业与能源消费

年份	生产总值 （亿元）	固定资产投资 （亿元）	劳动就业人数 （人）	能源消费量 （万吨标准煤）
2008	273.11	125.53	204902	423.76
2009	291.78	133.88	218205	466.05
2010	205.39	178.23	218856	476.67
2011	360.80	268.06	270563	594.71
2012	376.32	401.59	275851	681.91
2013	388.52	510.07	294678	682.13
2014	395.72	538.42	294678	755.29
2015	414.00	505.86	308484	954.9
2016	464.67	559.97	325013	1018.93
2017	518.86	700.17	347212	1095.8
2018	599.62	763.89	350261	1183.32
2019	666.11	852.50	369277	1211.55

资料来源：历年《海西州统计年鉴》。

附表2　柴达木生态特区主要农畜产品产量

单位：公斤

年份 项目分类	2008	2009	2010	2011	2012	2013	2014	2015	2016	2017	2018	2019
粮食	78539000	85546000	100757000	101131000	91286000	79963000	104597000	85804000	92683000	89454000	75582000	77946000
谷物	68018000	64224000	75805000	82626000	79495000	71582000	73726000	61100000	62322000	62409000	73191000	75284000
小麦	40163000	33766000	40571000	45418000	45924000	43203000	43594000	38617000	32655000	29889000	36250000	31838000
青稞	21204000	25600000	33026000	35210000	33546000	28104000	29652000	20974000	25607000	24397000	33062000	33086000
豆类	587000	1046000	1004000	331000	1325000	691000	566000	323000	741000	443000	458000	470000
蚕豆	66000	47000	23000	90000	48000	—	—	—	—	97000	69000	1000
豌豆	521000	999000	981000	241000	1277000	691000	566000	323000	741000	346000	389000	469000
薯类	9844000	20276000	23948000	18174000	10466000	7690000	30305000	24381000	29620000	26602000	2133000	2192000
油菜籽	18252000	13431000	13395000	11617000	11259000	11689000	9019000	6973000	7444000	6909000	7003000	7523000
药材	1500000	3214000	6667000	18160000	26386000	39529000	52639000	59066000	65397000	78239000	86325000	88076000
蔬菜	44374000	47486000	49647000	50255000	43429000	50353000	64566000	66202000	72098000	74737000	67571000	64091000
水果	99000	138000	126000	54000	84000	243000	352000	792000	470000	1118000	887000	965000
猪肉	2407000	2888000	3350000	3404000	3606000	3967000	4557000	5245000	6186000	6506000	6900000	5140000
牛肉	4482000	4242000	4582000	3575000	5787000	6375000	6675000	6790000	6681000	6940000	5700000	6637000
羊肉	13616000	14332000	14748000	12920000	17833000	18260000	17680000	18476000	19471000	20257000	18300000	22387000
奶类	14254000	14427000	15319000	11749000	11526000	13765000	14278000	14404000	14365000	14545000	11397000	12701000
羊毛	2314000	2470000	2552000	2638000	2713000	3052000	2947000	3303000	3013000	3032000	3409000	3742000
羊绒	185000	191000	204000	218000	197000	202000	220000	227000	229000	232000	185000	205000
牛毛绒	22000	39000	44000	31000	25000	20000	25000	24000	21000	20000	22000	30000

续表

年份 项目分类	2008	2009	2010	2011	2012	2013	2014	2015	2016	2017	2018	2019
蛋禽	58000	61000	71000	72000	85000	82000	86000	520000	548000	537000	456000	845000
水产	300000	261000	325000	426000	403000	490000	445000	507000	557000	352000	490000	445000

注：2013~2016年柴达木生态特区蚕豆产量资料缺失，故用"—"替代。

资料来源：历年《海西州统计年鉴》。

附表 3　柴达木生态特区主要能源产品产量

年份 项目分类	2008	2009	2010	2011	2012	2013	2014	2015	2016	2017	2018	2019
原煤（吨）	4063274.771	3111490.8	3054275.37	5208461.31	5747829.24	5786972.88	5254819.38	3639501.36	5140245.66	5688470.91	6648605	8885213
洗精煤（吨）	—	—	64080	125460	413910	353070	251460	—	436050	731250	2043870.87	300463
焦炭（吨）	94808.64	55466.94	6508.38	37010.34	102579.84	211862.34	380691.66	392931.3	408862.26	430233.06	1724669.22	1910503
天然气 （万立方米）	436507	430697	561017	650096	635000	680624	688953	613722	608116	640115	640503	640036
原油（吨）	1559888.34	1171880.58	1828322.28	2232187.5	2077755.84	2088470.34	2047755.24	2213329.98	2135042.7	2181043.62	2233003	2280017
汽油（吨）	63711.62	70480.06	77837.06	81662.7	83722.66	75924.24	102703.72	105940.8	119330.54	159794.04	458313	530144
柴油（吨）	467291.97	549035.28	574971.66	607756.41	617081.85	597702.42	606882.15	490751.28	516979.08	424161.81	611717	655919
电力 （万千瓦时）	129502	201117	146248	242955	369659	421925	542607	599806	627727	721594	775405.36	992908

注：因柴达木生态特区个别年份能源产品产量数据缺失，故用"—"替代。

资料来源：历年《海西州统计年鉴》。

附表 4　柴达木生态特区各种生物用地面积　　　　单位：hm²/人

类型 年份	耕地	林地	草地	水域	建设用地
2008	0.0916	1.7547	27.3882	0.0017	0.0476
2009	0.0906	1.7328	29.1065	0.0018	0.2259
2010	0.1013	2.3141	28.3056	0.0018	0.2997
2011	0.1028	2.283	27.9323	2.7207	0.3047
2012	0.1017	2.2421	27.4286	2.6722	0.3086
2013	0.1061	2.2122	27.0733	2.6381	0.3244
2014	0.106	2.1893	26.7952	2.6109	0.3132
2015	0.11	2.25	27.49	2.6782	0.3268
2016	0.12	2.23	27.33	2.66	0.34
2017	0.12	2.22	24.76	2.63	0.33
2018	0.1202	2.2263	27.2791	2.6594	0.3388
2019	0.1242	2.2309	29.8251	2.6663	0.3429

资料来源：历年《海西州统计年鉴》。

附表 5　柴达木生态特区总人数　　　　单位：人

年份	2008	2009	2010	2011	2012	2013	2014	2015	2016	2017	2018	2019
人口	381100	385899	390743	395888	403067	408200	412461	402069	404275	405658	404890	403826

资料来源：历年《海西州统计年鉴》。

后 记

本书是在 2015 年国家社会科学基金项目"柴达木盆地能源与生态特区创新模式研究"的基础上完成的。研究的过程虽然是曲折的、坎坷的，但我相信"不经历风雨，怎能见彩虹"。因此，我在研究的过程中砥砺前行，不仅鼓励自己，同时鼓励研究组的成员，最终圆满完成了研究任务，并为此书的编写提供了基础条件。在此我想对所有在此书编写、出版过程中提供过帮助的人表示感谢：第一，感谢校领导和院领导，他们为本书的研究与撰写提供了便利条件和支持。第二，感谢青海省统计局，海西州统计局，格尔木市统计局的王启基、张科等，大柴旦行政委员会经济发展改革和统计局的李文林等，他们通力合作、不辞劳苦带我们查阅资料，走访调研相关部门，从而获得了相关资料和信息。第三，感谢周围同事们的支持。在本书研究的过程中，同事们提供了各种数据信息和资料，并对我的工作给予帮助，使研究项目能够顺利进行。第四，感谢家人的理解与支持，在我忙得顾不上处理家务事的时候，是家人的体贴与关怀，让我能全身心地投入研究过程，从而为研究的顺利开展提供了更多的时间和保障。第五，感谢李双元院长，他提供的应用经济学学科建设项目的资金支持为本书的出版提供了便利条件。第六，感谢出版社的编辑们不辞辛苦、孜孜不倦地对本书进行多次指导和修改，才能使本书得以顺利出版。

郑永琴

2022 年 7 月